土木工程中
道路路基施工技术分析

杨君辉　黄旭峰　曾文明　主编

辽宁科学技术出版社
·沈阳·

图书在版编目（CIP）数据

土木工程中道路路基施工技术分析 / 杨君辉，黄旭峰，曾文明主编. — 沈阳：辽宁科学技术出版社，2023.12
ISBN 978-7-5591-3399-1

Ⅰ.①土…　Ⅱ.①杨…　②黄…　③曾…　Ⅲ.①公路路基—道路工程—工程施工—研究　Ⅳ.①U416.104

中国国家版本馆 CIP 数据核字（2024）第 022799 号

出版发行：辽宁科学技术出版社
　　　　　（地址：沈阳市和平区十一纬路 25 号　邮编：110003）
印　刷　者：辽宁鼎籍数码科技有限公司
经　销　者：各地新华书店
幅面尺寸：170mm × 240mm
印　　张：9.625
字　　数：180 千字
出版时间：2023 年 12 月第 1 版
印刷时间：2023 年 12 月第 1 次印刷
责任编辑：孙　东　孙　阳
责任校对：李　莹　王玉宝

书　　号：ISBN 978-7-5591-3399-1
定　　价：68.00 元

編委会

主　编　杨君辉　黄旭峰　曾文明
副主编　孙景鲍　杨伟彪　周红伟
　　　　胡利群　田祯祎　朱帅杰
　　　　岳　鹏　姜松雪　王乾坤

前言

当今，我国处于城镇化建设的进程当中，而城镇化建设离不开城市道路的建设；同时城市道路作为城市的构架，支撑着城市的庞大躯体。因此，城市道路建设至关重要。而如何高质量和高效率地搞好城市道路建设，是工程界关注和重视的话题之一。唯有对城市道路搞好质量控制、成本控制和进度控制，才能使城市道路成为精品工程而有利于民。

城市道路工程是一项重大的项目，若施工期间管理不善，则会直接影响到工程项目的质量，甚至造成巨大的经济损失。在施工过程中，能否合理地衔接工序、安置劳力、调配机械、保障供给，不仅直接关系到工程的完成与否，还关系到国家对于基建设施投资的有效利用程度和施工企业的经济效益。所以，作为工程的领导者，要学会合理有序地管理工程施工，确保其按期高质完成。

城市道路工程是城市基础设施的重要组成部分。城市道路工程项目建设牵涉到国家和社会方方面面，工程项目质量好，才会使国家经济实力增强，也会给人民带来实惠和利益。本书主要介绍城市道路建设。城市道路是城市经济发展的产物，支撑起城市的发展，反映着城市发展水平，对社会有着重要的影响。全书内容包括土木工程建设与管理、道路（路基）工程现场勘察技术、路基施工条件与设计、路基路面排水施工布置与设计、路基施工技术分析等。

本书突出介绍了城市道路建设的基本概念与基本原理，在写作时作者尝试多方面知识的融会贯通，注重知识层次递进，同时也注重理论与实践的结合。希望可以对广大读者提供借鉴或帮助。

由于作者水平有限，书中难免有不当之处，敬请广大读者批评指正。

第一章　土木工程建设与管理

第一节　建设工程的生命期与建设程序

一、工程生命期

（一）工程生命期阶段划分

任何工程就像一个人一样，有其生命期。工程生命期是指从工程构思开始到工程报废、拆除的全过程。在这个期限中，工程经历了由产生到消亡的全过程。不同类型和规模的工程生命期是不一样的，但它们都可以分为四个阶段：

（1）工程的前期策划和决策阶段。这个阶段是从工程构思到批准立项为止。其工作内容包括工程的构思、目标设计、可行性研究和工程立项。

（2）工程的设计与计划阶段。这个阶段是从批准立项到现场开工为止，其工作包括设计、计划、招标、投标和各种施工前准备工作。

（3）工程的施工阶段。这个阶段是从现场开工开始，各专业各部分工程按照设计完成，到最终建成整个工程，并通过验收为止。这是工程技术系统的形成过程。

（4）工程的运营阶段。工程通过运营实现其使用价值，最终工程结束，被拆除。

在上述工程的生命期中，每个阶段都有复杂的过程，形成工程建设和运营程序。任何工程在其生命期中都必须经历这个程序。

（二）工程生命期系统模型

工程在一定的时间和空间上建设和运营，是一个开放的系统，它与环境之间存在着许多交换。

1. 资源

工程在生命期过程中需要环境提供资源，这些资源包括：

（1）土地。任何工程都在一定的空间上建设和运营，都要占用一定的土地。

（2）资金。如建设投资、运营过程中需要的周转资金等。

（3）原材料。如建筑所需的材料、构配件、工程建成后生产产品等所需要的原材料。

（4）设备。如施工设备、生产设备等。

（5）劳动力。

（6）技术和服务。如施工技术，生产产品技术等，建设过程中的技术鉴定和管理服务。

（7）能源。如电力、燃料等。

（8）信息。工程建设者和运营者从外界获得的各种信息、指令等。

2. 输出

工程同时向外界环境输出，这些输出包括：

（1）产品或服务。如水泥厂生产出水泥、化工厂生产出化工产品、高速公路提供交通服务、汽车制造厂生产小汽车、学校培养学生等，这些产品或服务必须能够被环境接受、必须有相应的市场需求。

（2）资金。即工程在运营过程中出售产品、取得盈利、归还贷款、向投资者提交利润、向政府提供税收等过程所产生的资金。

（3）废弃物。即在建设和运营过程中会产生许多废弃物，如建筑垃圾、废水、废气、噪声，以及工程结束后的工程遗址等。

（4）信息。在建设和运营过程中，向外界发布的各种信息，提交的各种相关报告。

（5）其他。如输出新的工程技术、管理人员和管理系统等。

（三）工程环境系统

工程环境是指对工程的建设、运营有影响的所有外部因素的总和，它们构成工程的边界条件。任何工程都是在一定的环境中生存，工程环境包括以下七个方面：

1. 政局环境

政局环境主要为工程所在地（国）政府和政局状况。

（1）地缘局势的稳定性，如有无社会动乱、政权变更、种族矛盾和冲突，宗教、文化、社会集团利益的冲突。

（2）政府对本工程的态度、提供的服务、办事效率、政府官员的廉洁程度。

（3）与工程有关的政策，特别是对工程有制约的政策，或向工程倾斜有促进的政策。

2. 经济环境

（1）社会的发展状况。该国、该城市、当地处于一个什么样的发展阶段和发展水平。

（2）国民经济计划的安排，国家的工业布局及经济结构，国家重点投资发展的工程、领域、地区等。

（3）国家的财政状况，赤字和通货膨胀等情况。

（4）国家及社会建设的资金来源，银行的货币供应能力和政策。

（5）市场情况主要包括：①市场对工程或工程产品的需求，市场容量，购买力，人们的市场行为，现有的和潜在的市场的开发状况，等等。②当地建筑市场情况，如竞争的激烈程度，当地建筑企业的专业配套情况、建材、结构件、设备生产、供应及价格等。③劳动力供应状况以及价格。④能源、交通、通信、生活设施的状况及价格。⑤城市建设水平。⑥物价指数，包括全社会的物价指数、部门产品和专门产品的物价指数。

3. 法律环境

工程在一定的法律环境中实施和运行，适用工程所在地的法律，受其制约和保护。

（1）法律的完备性。法制是否健全，执法的严肃性，投资者能否得到法律的有效保护等。

（2）与工程有关的各项法律和法规，如合同法、建筑法、劳动保护法、税法、环境保护法、外汇管制法等。

（3）国家的土地政策。

（4）对与本工程有关的税收、土地政策、货币政策等方面的优惠条件。

4. 自然条件

（1）可以供工程使用的各种自然资源的情况。

（2）自然地理状况：如抗震设防烈度及工程建设和运营期地震的可能性；地形、地貌状况；地下水位、流速；地质情况，如土类、土层、容许承载力、地基的稳定性，可能的流沙、暗塘、古河道、溶洞、滑坡、泥石流；等等。

（3）气候情况：①年平均气温，最高气温，最低气温，高温、严寒持续时间，等等；②主导风向及其风力、风荷载等；③雨雪量及其持续时间，主要分布季节等。

5. 工程周围基础设施、场地交通运输及通信状况

（1）场地周围的生活及配套设施，如粮油、副食品供应能力，文化娱乐、医疗卫生条件等。

（2）现场及周围可供使用的临时设施。

（3）现场周围公用设施状况，如水和电的供应能力、供应条件及排水条件等。

（4）现场以及通往现场的运输状况，如：公路、铁路、水路、航空条件、承运能力和价格等。

（5）各种通信条件、能力及价格。

（6）工程所需要的各种资源的可获得条件和限制。

6. 工程相关者的组织状况

工程相关者，特别是工程的投资者、业主、承包商、工程所属的企业、工程所在地周边居民或组织等情况如下：

（1）工程所属企业的组织体系、组织文化、结构、能力、企业的战略、对工程的要求、基本方针和政策。

（2）合资者的能力、基本状况、战略，对工程的要求、政策等。

（3）工程承包商、供应商的基本情况，技术能力、组织能力。

（4）工程产品的主要竞争对手的基本情况。

（5）周边组织（如居民、社团等）对工程的需求、态度，工程的可能面对的障碍，等等。

7.其他方面

环境对工程的整个建设和运营过程有重大影响，工程与环境之间存在着十分复杂的交互作用，其主要体现在三个方面：

（1）工程产生于环境（主要为上层系统和市场）的需求，它决定着工程的存在价值。通常环境系统出现问题，或上层组织有新的战略，才能产生工程需求。而且工程的目标，如工程规模定位，产品的品种、产量、质量要求等必须符合环境（特别是市场）的要求。工程必须从上层系统、环境的角度来分析和解决问题。

（2）环境决定着工程的技术方案（如建筑平面布置、结构选型等）和实施方案（如施工设备选择、施工现场平面布置等）以及它们的优化，决定着工期和费用。工程的实施过程又是工程与环境之间互相作用的过程。工程的实施需要外部环境提供各种资源和条件，受外部环境条件的制约。如果工程没有充分地利用环境条件，或忽视环境的影响，必然会造成实施中的障碍和困难，增加实施费用，导致不经济的工程。

（3）环境是产生风险的根源。现代工程都处在一个迅速变化的环境中。在工程实施中，由于环境的不断变化，形成对工程的外部干扰（如恶劣的气候条件、物价上涨、地质条件变化等），这些干扰会造成工程不能按计划实施，造成工期的拖延、成本的增加，使工程实施偏离目标，造成目标的修改，甚至造成整个工程的失败。所以，风险管理的重点之一就是环境的不确定性和环境变化对工程的影响。

所以，环境对于工程及工程管理具有决定性的影响。为了充分利用环境条件，降低环境风险对工程的干扰，工程管理者必须进行全面的环境调研，掌握大量的环境资料，在工程全过程中注意研究和把握环境与工程的交互作用。

（四）工程生命期各阶段主要工作

1.工程的前期策划和决策阶段

该阶段的主要工作内容包括工程构思的产生、工程机会的选择、确定工程建设要达到的预期总体目标、提出工程建设项目建议书、进行可行性研究、工程的评价和决策等。

2. 工程的设计和计划阶段

从工程的批准立项到现场开工是工程的设计和计划阶段，通常包括如下工作内容：工程建设管理组织的筹建、土地的获得、工程规划、工程勘察、工程设计、编制工程实施计划、工程招标和施工前的各种批准手续、现场准备等。

3. 工程的施工阶段

工程的施工阶段从现场开工到工程的竣工、验收交付使用为止。在这个阶段，工程的实体通过施工过程逐渐形成。工程施工单位、供应商、项目管理（咨询、监理）公司、设计单位按照合同规定完成各自的工程任务，并通力合作，按照实施计划将工程的设计经过施工过程一步步形成符合要求的工程。这个阶段是工程管理最为活跃的阶段，资源的投入量最大，工作的专业性强，管理的难度也最大、最复杂。该阶段工作包括施工前准备工作、工程施工过程、竣工验收、工程的运营准备工作、施工阶段的其他工作等。

4. 工程的运营阶段

一个新的工程投入运营后直到它的使用寿命结束，最后被拆除，就像一个人一样，经过了成长、发育、成熟、衰退的过程。它的内在质量、功能和价值有一个变化过程。通常，在运营阶段，有如下工作内容：申请工程产权证，在运营过程中的维护管理，工程项目竣工后评价，对本工程的扩建、更新改造、资本的运作管理等，工程经过其生命期过程，完成了其使命，最终要被拆除。

（五）工程相关者

工程的建设和运营需要各种投入，同时又有各种产出。在这个过程中，工程的建设和运营会影响到社会的许多方面，需要许多方面的认可和支持。所以，工程的建设和运营过程与许多方面利害相关。工程相关者是与工程的建设和运营过程利害相关的人或组织，有可能通过工程获得利益，也可能受到损失或损害。工程是靠工程相关者推动和运作的。工程相关者的范围非常广泛，特别是公共工程，涉及社会各个方面。通常对工程实施过程有最大影响的相关者包括八个方面：

（1）工程产品的用户。即直接购买或使用工程最终产品的人或单位。工程的最终产品通常是指在投入运营后所提供的产品或服务。例如，房地产开发项目的产品使用者是房屋的购买者或用户，城市地铁建设工程最终产品的使用者是地铁的乘客，有时工程的用户就是工程的投资者，例如某企业投资新建一栋办公大楼，则该企业是投资者，该企业使用该办公大楼的科室是用户。用户决定工程产品的市场需求，决定工程存在价值。如果工程产品不能被用户接受，或用户不满意、不购买，则工程没有达到它的目的，失去它的价值。

（2）投资者。工程的投资者通常可能包括工程所属企业、对工程直接投资的财团，提供工程贷款或参与工程项目融资的金融单位（如银行等），以及我国实行的建设项目投资责任制中的业主单位。对许多公共工程而言，政府是投资者。实际上，工程投资者也是多元化的，可能有政府、企业、金融机构、私人等本国资本或外国资本。

（3）业主（建设单位）。"业主"一词主要体现在工程的建设过程中。实施一个工程项目，投资者或工程所属的企业、政府必须成立专门的组织或委派专门人员以业主的身份负责工程的管理工作，如我国的基建管理部门、建设单位等。相对于工程的设计单位、承包商、供应商、项目管理单位（咨询、监理）而言，业主是以工程所有者的身份出现的。工程的投资者和业主的身份在有些工程中是一致的，但有时不一致。

（4）工程任务的承担者，如承包商、供应商、勘察和设计单位、咨询单位（包括项目管理公司、监理单位等）、技术服务单位等。他们通常接受业主的委托完成工程任务或工程管理任务。他们为工程建设投入管理人员、劳务人员、机械设备、材料、资金、技术，按照合同完成工程任务，并从业主处获得工程价款。

（5）工程所在地的政府，以及为工程提供服务的政府部门、基础设施的供应和服务单位。他们为工程做出各种审批（如立项审批、规划审批等），提供服务（如发放项目需要的各种许可等），实施监督和管理（如对招标投标过程和工程的质量等进行监督）。政府代表社会各方面，从法律的角度保证工程的顺利实施，为工程提供服务，监督工程的实施，并保护各方面的利益。

（6）工程的运营和维护单位。运营和维护单位是在工程建成后接受工程的运营和维护任务，它直接使用工程生产产品，或提供服务。例如在城市地铁建设工程中，工程运营和维护单位是地铁运营公司和相关生产者（包括运营操作人员和管理人员等）；住宅小区的运营和维护单位是它的物业管理公司。

（7）工程所在地的周边组织。如工程所需土地上的原居民、工程所在地周边的社区组织和居民等。如被拆迁的人员，为工程贡献出祖居的房屋和土地，要搬迁到另外的地方生活。

（8）其他组织。如与工程相关的保险单位等。

二、建设工程的建设程序

建设程序是指建设工程项目从构思、决策、设计、施工、竣工验收到交付使用整个建设过程中，各项工作必须严格遵循的先后顺序和相互关系。它是建设工程项目技术经济规律的要求和工程建设过程客观规律的反映，也是建设工程项目科学、顺利进行的重要保证。

工程建设前期阶段包括进行机会研究，编制项目建议书，进行可行性研究，组织项目评估。工程建设准备阶段包括办理报建备案手续，委托相关单位进行规划、设计，申请土地开发使用权，组织拆迁、安置，工程发包与承包。工程建设实施阶段包括工程项目施工准备管理和工程项目组织施工阶段的管理。工程竣工验收备案与保修阶段包括工程竣工验收、备案和工程保修。工程建设终结阶段包括生产运营与项目后评价。

第二节　土木工程前期策划

一、工程前期策划过程和主要工作

（1）通过市场研究发现新的投资机会、有利的投资地点和投资领域，例如：

①通过市场调查发现某种产品有很大的市场容量或潜在市场，开辟这个市场，则要建设生产这种产品的工厂或设施。

②企业要发展，要扩大销售，扩大市场占有份额，必须扩大生产能力。

③企业要扩大经营范围，增强抗风险能力，搞多种经营、灵活经营，向其他领域、地域投资，建设新的工程。

④出现了一种新的技术、新的工艺、新的专利产品，可以建设这种产品的生产流水线（装置）。

⑤市场出现新的需求，顾客有新的要求。

⑥当地某种资源丰富，可以开发和利用这些资源。

这些对工程和工程所提供的最终产品或服务的市场需求，都是新的工程机会。工程应以市场为导向，应有市场的可能性和可行性。

（2）上层系统（国家、地区、城市、企业）运行存在问题或困难。这些问题和困难都可以用工程解决，由此产生对工程的需求。其可能是新建工程，也可能是扩建工程或更新改造。例如：

①城市道路交通拥挤不堪，必须通过道路的新建和扩建解决。

②住房特别紧张，必须通过新建房地产项目解决问题。

③环境污染严重，必须通过新建污水处理厂或建设环境保护设施解决。

④能源紧张，由于能源供应不足经常造成工农业生产停止，居民生活受到影响，则可以通过建设水电站、核电站等解决。

⑤市场上某些物品供应紧张，可以通过建新工厂或扩大生产能力解决。

⑥企业产品陈旧，销售市场萎缩，技术落后，生产成本增加，或企业生产过程中资源和能源消耗过大，产品的竞争力下降，可以通过对生产工艺和设备的更新改造解决。

（3）为了实现上层系统（国家、地区、城市、企业）的发展战略。例如为了解决国家、地方的社会和经济发展问题，使经济腾飞，上层系统常常都是通过工程实施的，则必然有许多工程需求。所以，一个国家或地方的发展战略，或发展计划，常常包含许多新的工程。对国民经济计划、产业结构和布局、产业政策、社会经济增长状况的分析可以预测工程机会。

二、工程机会的选择

工程的构思仅仅是一个工程的机会。在一个具体的社会环境中，一方面，我们所遇到的问题和需求很多，这种工程构思可能是多种多样的；另一方面，人们可以通过许多途径和方法（即工程或非工程手段）解决问题，达到目的。同时，由于社会资源有限，人们解决问题的能力有限，并不是所有的工程构思都是值得或者能够实施（投资）的。对于那些明显不现实或没有实用价值的工程构思必须淘汰，在它们中间选择少数几个有价值和可行性的工程构思，进行更深入的研究。构思选择通常考虑的因素有五点：

（1）通过工程能够最有效地解决上层系统的问题，满足市场的需要。对于提供产品或服务的工程，应着眼于有良好的市场需求前景，将来有良好的市场占有份额和投资回报。

（2）使工程符合上层系统（国家、地区、城市、企业）的战略，以工程对战略的贡献作为选择尺度，例如工程促进竞争优势的增长，有助于长期目标的实现，提高产品的市场份额，或增加利润规模等。工程相关者应全面评价工程对这些战略的贡献。

（3）必须考虑到自己有进行工程建设的能力，特别是经济（财务）和技术能力，使现有资源和优势能得到最充分的利用。对大型的、特大型的、自己无法独立进行的，常常通过合作（如合资、合伙、项目融资等）进行的工程，则要考虑潜在合作者各方面优势在工程上的优化组合，以达到对各方面都有利的结果。

（4）具有环境的可行性，例如工程不违反法律，对生态环境影响和社会影响较小等。工程是在政府允许或鼓励的范围内的，自然条件比较适宜工程的实施和运营等。

（5）选择工程建设和运营成功的可能性最大和风险最小，成就（如收益等）期望值大的构思。

三、确定工程建设要达到的预期总体目标

工程总目标是工程实施和运营所要达到的结果状态，它是工程方案的

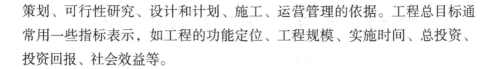

策划、可行性研究、设计和计划、施工、运营管理的依据。工程总目标通常用一些指标表示，如工程的功能定位、工程规模、实施时间、总投资、投资回报、社会效益等。

四、提出工程建设项目建议书

建议书是对工程构思情况和问题、环境条件、工程总体目标、工程范围界限和总体实施方案等的说明和细化，同时提出需要进一步研究的各个细节和指标，作为后继的可行性研究、技术设计和计划的依据。将项目目标转变成具体的、实在的项目任务。工程总实施方案可能包括功能定位和各部分的功能分解，总的产品方案，工程总体的建设方案，工程总布局，工程建设总的阶段的划分，总的融资方案，设计、实施、运营方面的总体方案等。对于一些人的公共工程，工程项目建议书必须经过主管部门初步审查批准，通常要提出工程选址申请书，由土地管理部门对建设用地的有关事项进行审查，提出意见；城市规划部门提出选址意见；环境保护部门对工程的环境影响进行审查，并发出许可证。

五、可行性研究

可行性研究即对工程实施方案进行全面的技术经济论证，看能否实现工程总目标。现代工程的可行性研究通常包括以下五方面内容：

（一）产品的市场研究，市场的定位和销售预测

主要预计工程建成后，什么样品种和规格的产品能够被市场接受，工程产品或服务有多大的市场容量，产品或服务的市场价格在什么样的水平等。市场研究是工程可行性研究的关键，它对确定产品方案、生产规模，进而确定工程建设规模有决定性影响。

（二）按照生产规模分析工程建成后的运营要求

可行性研究包括工程产品的生产计划，资源、原材料、燃料及公用设施计划，企业组织、劳动定员和人员培训计划等方面。

（三）按照生产规模和运营情况确定工程的建设规模和计划

（1）建厂条件和厂址选择。

（2）工程的生产工艺、主要设备选型、建设标准和相应的技术经济指标。

（3）工程的建设计划：主要单项工程、公用辅助设施、配套工程构成、布置方案和土建工程量估算。

（4）环境保护、城市规划、防震、防洪、防空、文物保护等要求和相应措施方案。

（5）建设工期和实施进度安排。

（四）投资估算和资金筹措

将建设期投入、运营期生产费用、市场销售收入等汇总确定工程生命期过程中的资金支出和收入情况，绘制现金流曲线，得到工程生命期过程中的资金需要量，并安排资金来源。

（五）效益分析

其主要包括工程经济效益、环境效益和社会效益分析。

六、工程的评价和决策

在可行性研究的基础上，对工程进行全面评价，包括技术方面的评价、经济评价、财务评价、国民经济评价、社会影响评价和环境影响评价等。根据可行性研究和评价的结果，由上层组织对工程的立项做出最后决策。在我国，可行性研究报告连同环境影响评价报告、项目选址建议书，经过批准，工程就正式立项。经批准的可行性研究报告就作为工程建设的任务书，作为工程初步设计的依据。现在由于大型工程的影响很大，工程的评价和决策常常需要在全社会进行广泛的讨论。

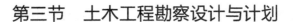

第三节 土木工程勘察设计与计划

从工程的批准立项到现场开工是工程的设计与计划阶段，这一阶段的工作内容主要包括筹建工程建设管理组织，进行工程规划、勘察、设计，编制工程实施计划，履行工程招标和施工前的各种批准手续，进行工程施工现场准备工作等。

一、工程建设管理组织的筹建

按照我国工程建设程序的规定，在可行性研究报告批准后，工程即立项，就应正式组建工程建设的管理组织，也就是通常意义上的业主（又称为建设单位），由其负责工程的建设管理工作。尽管有些大型工程在可行性研究阶段就有管理工作班子，但由于那时工程尚未立项，经过可行性研究还可能发现该工程是不可行的，所以那时的工作管理班子还不能算通常意义上的工程建设管理组织或业主。

二、土地的获得

工程都是在一定的土地上建设的。工程建设项目一经被批准，相应的选址也就已经获得了批准。但在工程建设前必须获得在工程所在土地上建设工程的法律权利——土地使用权。

（一）土地的定义

一般来说，土地是地球上的特定部分。通常人们将土地称为不动产。不动产中所说土地是指地表及其上下一定范围内的一定权利。工程一经建成，即与土地成为一体。

（二）我国的土地所有制

我国宪法明确规定，我国的土地所有制是社会主义公有制。土地所有权分为两种：

（1）全民所有，即国家所有。我国法律规定，所有城市市区土地全部属于国家所有。农村中的国有土地包括除法律规定集体所有的森林、山岭、草原、荒地、滩涂外的全部矿藏，水流、森林、山岭、草原、荒地、滩涂，名胜古迹、自然保护区，国有农、林、牧、渔场等的用地，国家拨给国家机关部队、学校企事业单位使用的土地等。

（2）劳动群众集体所有。对农村和城市郊区的土地，除由法律规定属于国家所有的以外，属于农民集体所有；宅基地和自留地、自留山，属于农民集体所有。由各个集体经济组织（如村委会等）代表该组织内的全体劳动人民享有土地的使用、收益和处分的权利。

（三）土地的获得方式和获得过程

这涉及我国土地使用制度。工程使用的土地通常可以通过四种方式获得：

1.通过土地划拨获得土地使用权

土地使用权划拨，是指经政府土地主管部门依法批准，在土地使用者缴纳土地补偿、安置或拆迁补偿等费用后，取得的国有土地使用权。通常划拨土地所指的无偿，是指不需缴纳土地出让金。以划拨方式取得的土地使用权，除法律、法规另有规定外，没有使用年限的限制。通常，军事工程，政府办公设施工程，国家重点扶持的能源、交通、水利等基础设施用地，市政配套工程，公共事业工程等通过土地划拨获得土地使用权。

2.通过土地使用权的出让获得

除在法律规定的范围内划拨国有土地使用权外，我国实行国有土地有偿使用制度。工程所有者直接通过与政府签订土地出让合同，向政府缴纳土地使用权出让金，获得在一定年限内对该土地的使用权。其使用权在使用年限内可以依法转让出租、抵押或者用于其他经济活动，其合法权益受国家法律保护。我国法律规定，土地使用权出让有最高年限。土地使用期满，使用者可以申请续期，重新签订土地使用权出让合同，支付土地使用出让金。我国土地管理法规定，土地使用权出让通常采取拍卖、招标、挂牌和协议出让的方式。各种出让方式有不同的程序，最后政府都要与土地使用权受让人签订土地使用权出让合同，土地使用权受让人按合同约定支付土地价款，并办理土地登记的有关手续。

（1）由于国家对土地利用有总体规划，规定土地用途，各城市还有城市总体规划。使用土地的单位和个人必须严格按照规划确定的用途使用土地。在土地的使用权出让时，通常应配有相应的规划要点，以约束该土地的用途，不可以随意建设工程。出让合同中要明确规定出让地块的用地面积、位置、用途、出让年限和其他土地出让的约束条件，如规划用地的性质（居住、工业、教育、科技、文化、卫生、体育、商业、旅游、娱乐以及其他综合性用地）、建筑密度、建筑容积率、建筑限高、绿化率、建筑间距、竣工时间、建设进度等。

（2）在签订土地出让合同后，受让方应按照土地出让合同规定缴纳土地出让金和其他费用后，办理土地使用权证，方可使用土地。如果要改变土地权属和用途，应当办理土地变更登记手续。

3. 通过土地使用权转让获得

通过土地使用权转让获得是指已经获得土地使用权人再将土地使用权通过出售、交换、赠予方式转移给工程所有者，以建设工程。土地使用权转让要签订转让合同。通过转让获得土地使用权的使用期限，是指从转让合同生效起到原出让合同规定的土地使用年限为止。土地转让同样有一定的程序：需要提出申请，经过土地部门审查，并缴纳相关税费，进行土地登记，更换土地使用权证书等。

4. 通过土地使用权租赁获得

通过土地使用权租赁获得即工程所有者向土地使用权人租赁土地（连同土地上的建筑物），并支付相应的租金。双方须签订土地租赁合同。该合同不能违背国家法律、法规和土地使用权出让合同规定的该土地的用途。租赁期限不能超过法律、法规规定的原出让合同规定的土地使用年限。

三、工程规划

（一）工程规划的概念

工程规划是在总目标和工程总方案基础上确定工程的空间范围，并对工程的系统范围、工程的功能区结构和它们的空间布置进行描述，确定各个单体建筑的位置，它是对设计任务书提出的总体功能要求的细化。规划图描述工程的空间位置和范围（用红线描述工程界限），并将工程的主要功能面在平面或空间上加以布置。功能分析表是按照工程的目标和最终用户需求构造工程的主要功能和辅助功能，以及它们的子功能（空间面积分配）。工程建成后应该满足运营维护和使用的要求，所以工程规划应该从工程使用者角度出发。

（二）工程规划的依据

工程规划的依据主要包括三点：

（1）相关工程规划面积指标的国家标准，如普通高等学校建筑规划面积指标、科研建筑规划面积指标、新建工矿企业项目住宅及配套设施建筑面积指标、通信工程项目建设用地指标、轻工业工程项目建设用地指标、纺织工业工程项目建设用地指标、机械工业工程项目建设用地指标、核工业工程项目建设用地指标、电力工程项目建设用地指标、建材工业工程项目建设用地指标、电子工程项目建设用地指标、林产工业工程项目建设用地指标、新建铁路工程项目建设用地指标、公路建设项目建设用地指标等。

（2）批准的可行性研究报告，或项目任务书、项目立项文件。

（3）现场勘察调研资料和地形图等。

（三）工程规划的程序

规划对工程全生命期有重大影响，要十分重视工程规划方案的科学性。工程规划方案通常都要请多家设计单位参与竞争，各家提出规划方案，通过比选、优化、确定最终方案。

（四）工程规划的审批

工程的规划文件必须经过政府规划管理部门的审批。这样工程的建设才有法定的权利。在以后的设计、施工中必须严格按照政府规划管理部门批准的规划文件执行。申请程序如下：

（1）建设单位向城市规划部门提出用地申请；规划部门会同各相关部

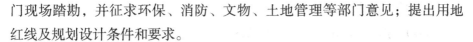

门现场踏勘，并征求环保、消防、文物、土地管理等部门意见；提出用地红线及规划设计条件和要求。

（2）建设单位按照批准的规划要点，组织编制工程总体规划方案，向城市规划行政主管部门申请定点，由城市规划行政主管部门核定其用地位置和界限，提供规划设计条件，核发建设用地规划许可证。

（3）建设单位编制工程规划，经过政府规划主管部门审查批准，发出建设工程项目规划许可证。

（4）建设单位向工程建设管理部门提出工程建设申请。

四、工程勘察

（一）工程勘察工作的重要性

工程勘察是指采用专业技术方法对工程所在地的工程地质情况、水文地质情况等进行调查，对工程场地展开各方面的测量。工程勘察工作是设计和施工的基础。通过工程地质和水文地质的勘察能够了解工程地质情况，及早发现不良工程地质问题，使工程基础和上部构造的设计科学合理，有助于编制科学合理的施工方案。工程的质量、工期、费用（投资）使用效果与寿命等与工程勘察的准确性有直接关系。由于工程勘察不准确，导致许多工程施工过程中塌方；或者由于工程设计方案和施工方案变更，导致许多工程建成后建筑物开裂，甚至倒塌，工程不能正常使用等。

（二）工程勘察的内容

工程勘察分初勘和详勘。工程勘察的成果是工程勘察报告。其内容主要包括四点：

（1）工程概况、任务要求、勘察阶段及勘察工作概况。

（2）场地位置、地形地貌、地质构造、不良地质现象、地层成层条件、岩土的物理力学性质等数据。

（3）场地的稳定性和适宜性、岩土的均匀性和标准承载力，地下水的影响，土的最大冻结深度，地震基本烈度以及由工程建设可能引起的工程地质问题等，施工方应有针对性地提出适宜的基础形式和有关的计算参

数，以及施工中应注意的事项。

（4）勘察工作图表成果，如勘探点平面布置图、综合工程地质图或工程地质分区图、工程地质剖面图、地质柱状图或综合地质柱状图、有关测试图表等。

五、工程设计

设计是按照工程规划对工程的功能区（单体建筑）和专业要素进行详细的定义和说明。最后通过设计文件，如规范、图纸、模型等，对拟建工程的各个专业要素进行详细描述。

（一）初步设计

（1）初步设计最终提交文件包括设计说明书、初步设计图纸、概算书等。有时人们还常用"扩大初步设计"一词，其内容与初步设计类似，只是比初步设计更深入和具体。

（2）初步设计必须严格按设计任务书（可行性研究报告）批准文件执行，不得改变产品方案、建设规模和工程方案。如果因外界条件变化，需要做必要的调整，需经原设计任务书（可行性研究报告）批准部门同意，并在初步设计批文中重新明确。初步设计概算必须严格控制，超过设计任务书（可行性研究报告）规定的投资过多时，必须报告原批准单位并说明原因。

（3）初步设计审查。对一般的工程，初步设计必须经过审查才能进行进一步的设计。审查需要提供的资料有项目立项计划、环境评价报告、规划总平面图、规划用地许可证、工程地质勘察资料、初步设计图纸（包括建筑、结构、水电）初步设计说明文件、概算书、配套设施文件等。

（二）技术设计

技术设计是在工业工程中对此类、结构、形态、表明等以科技的手段和艺术的表现形式所展开的综合性处理与装饰，其又叫工艺设计。对于不同的工程而言，技术设计具有不同内容。

（三）施工图设计

施工图是指按照工程要素（如结构、电、给水排水、装饰等工程）对工程进行详细说明的文件。在我国，施工图是直接提交施工招标的文件，是施工单位进行投标报价，制订工程施工方案和安排施工的技术文件。

（1）施工图设计文件包括所有的工程专业的设计图纸（含图纸目录、说明、必要的设备、材料表等）和工程预算书。施工图设计文件深度根据不同的工程有不同的要求。

（2）我国《房屋建筑和市政基础设施工程施工图设计文件审查管理办法》对施工图设计审查有专门的规定——国家实施施工图设计文件审查制度，即由建设主管部门认定的施工图审查机构按照有关法律、法规，对施工图中涉及公共利益、公众安全和工程建设强制性标准的内容进行审查。

施工图审查需要提交下列资料：工程设计合同、初步设计审批文件、专项设计审查主管部门（消防、人防、交管等）的批件、岩土勘察报告、岩土勘察文件审查意见书、施工图设计文件、总图及相关设计基础资料、各专业相关计算书、计算软件名称及授权书。

审查机构应当对施工图审查下列内容：

①是否符合工程建设强制性标准。

②地基基础和主体结构的安全性。

③勘察设计企业和注册执业人员以及相关人员是否按规定在施工图上加盖相应的图章和签字。

④其他法律、法规、规章规定必须审查的内容。

施工图审查退回建设单位后，建设单位应当要求原设计单位进行修改，并将修改后的施工图提交原审查机构审查。

（四）设计方案优化

由于设计对工程生命期过程的重要作用，而且设计涉及相关的各个专业，所以设计方案的优劣对工程有很大影响，必须进行多方案的技术经济分析，以选择优化的工程方案。

（五）编制工程实施计划

（1）按照批准的工程项目任务书提出的工程建设目标、规划和设计文件编制工程的总体实施规划（大纲）。总体实施规划（大纲）是对工程建设和运营的实施策略、实施方法、实施过程、费用（投资预算、资金）、时间（进度）、采购、供应、组织、管理过程等做全面的计划和安排，以保证工程建设目标的实现。

（2）随着设计的逐步深化和细化，按照总体实施规划（大纲），还要编制工程详细的实施计划。详细的实施计划要对工程的实施过程、技术、组织、费用、采购、工期、管理工作等分别做出具体的、详细的安排。随着设计的不断深入，实施计划也在同步地细化，即每一步设计都应有相应的计划。如对工程费用（投资），初步设计后应做工程总概算，技术设计后应做修正总概算，施工图设计后应做施工图预算。同样，实施方案、进度计划、组织结构也应不断加以细化。

（六）工程招标和施工前的各种批准手续

（1）工程报建。建设单位必须向建设行政主管部门做工程报建手续，需要提交工程立项批准文件、建设工程规划许可证、银行出具的资信证明或财政局出具的项目出资意见、工程拆迁手续证明、建设工程施工图审查合格书等。

（2）向工程招标管理部门办理工程招标核准和备案手续。

（3）工程招标。即通过招标委托工程范围内的设计、施工、供应、项目管理（咨询、监理）等任务，选择这些任务的承担者。对这些工程任务的承担者来说，就是通过投标承接工程项目的任务。根据招标对象的不同，有些招标工作会在立项后就进行，如对勘察、规划设计的招标；而有些招标工作要延伸到工程的施工过程中，如有些装饰工程、部分材料和设备的采购等。

（4）工程质量监督注册。根据《建设工程质量管理条例》，建设单位在领取施工许可证或者开工报告前，应当按照国家有关规定办理工程质量监督手续。通常监督单位要审查建设工程规划许可证，勘察、设计、施工、监理单位资质等级证书及中标通知书，施工图设计文件审查报告书或批准书等文件。

（5）工程安全备案。根据《建设工程安全生产管理条例》，依法批准开工报告的建设工程，建设单位应当自开工报告批准之日起15日内，将保证安全施工的措施报送建设工程所在地的县级以上地方人民政府建设行政主管部门或者其他有关部门备案。

（6）拆迁许可证。对需要进行房屋拆迁的工程，在工程开工前，建设单位必须向房屋所在地的市、县人民政府房屋拆迁管理部门申请拆迁许可证，要提交建设项目批准文件、建设用地规划许可证、国有土地使用权批准文件、拆迁计划和拆迁方案；办理存款业务的金融机构出具的拆迁补偿安置资金证明；等等。这样才有权对现场原有建筑物进行拆迁。

（7）申请施工许可证。根据《建筑工程施工许可管理办法》，在工程开工前，建设单位必须向工程所在地的县级以上人民政府建设行政主管部门申请施工许可证。按照国务院规定的权限和程序批准开工报告的建筑工程，不再领取施工许可证。通常要提交建设工程规划许可证、国有土地使用证、招标投标中标通知书、工程承包合同、设计图纸、监理合同、工程质量监督通知书等。

（七）现场准备

现场准备包括场地的拆迁、平整，以及施工用的水、电、气、通信等条件的准备工作。

第四节　土木工程施工

工程的施工过程是从现场开工到工程的竣工、验收交付为止。在这个阶段，工程的实体通过施工过程逐渐形成。工程施工单位、供应商、项目管理（咨询、监理）公司、设计单位按照合同规定完成各自的工程任务，并通力合作，按照实施计划将工程的设计经过、施工过程一步步形成符合要求的工程。这个阶段是工程管理最为活跃的阶段，资源的投入量最大，

工作的专业性强，管理的难度也最大、最复杂。

一、现场平整和临时设施的搭设

（一）现场平整

在现场原建筑物拆除后，还要进行一些清理和现场平整工作，使施工现场具有可施工条件。

（二）工程现场临时设施的搭设

现场临时设施是为施工过程服务的。对大型工程，由于建设期长，施工现场工作人员多，施工方需要安排大量的临时设施。这些临时设施本身就包含许多工程项目。

（1）场地规划。施工方需要安排临时道路，围墙和出入口及大门、工地的绿化等。

（2）办公生活区域。施工方需要搭设会议室、保安及门卫用房、工人宿舍、临时办公用房、厨房及食堂、卫生间及淋浴、急救室、临时化粪池、小车停车场及自行车棚、锅炉及备用发电机房、施工出入口的冲洗设施等。

（3）施工区域。施工方需要搭设试拉筋、钢筋加工场、工地机械修理房、机电场、沙石堆场、现场给水排水的临时布置、钢筋堆场和钢筋加工场、工地机械修理房、机电加工场和机电仓库等。

（4）其他布置。如公司标语／CI（企业形象）标志、旗杆、旗帜、安全设施。

（三）定位、放线和验线

按照红线定位图、规划放线资料对工程进行定位、放线和验线。

（四）编制施工方案

编制各分项工程详细施工方案、工期计划，并组织施工设备进场。

（五）图纸会审和技术交底

（1）图纸会审是业主、设计单位人员、施工人员互相沟通的过程，目的是使参与施工单位熟悉和了解所承担工程任务的特点、技术要求、工程难点以及工程质量标准，充分理解设计意图，保证工程施工方案符合设计文件的要求。通过图纸会审，施工单位有责任发现工程设计文件中明显的错误，并可以对设计方案的优化提出意见和建议。

（2）技术交底是施工单位技术人员和操作人员的沟通过程，是对设计和施工技术文件会审和落实的过程。技术交底的重点是工程的施工工艺及施工操作要点。技术交底的层次分为项目技术负责人向工程技术及管理人员进行施工组织设计交底，技术员向班组进行分部分项工程实施方法交底，班组长向工人进行操作技术交底。技术交底的内容包括设计意图、施工图要求、构造特点、施工工艺、施工方法、技术安全措施、执行的规范、规程和标准、质量标准、材料要求、特殊部位的施工工艺等。

二、工程施工过程

工程施工过程中有许多专业工程的施工活动。例如，一般的房屋建筑工程有如下工程施工活动：

（一）土建工程施工

（1）单个工程定位、放线。按照工程规划和设计图纸在土地上对单个工程的空间位置进行定位。

（2）基础和地下工程施工。其主要包括基础放线、降水（如采用轻型井点降水、管井与自渗砂井结合降水）、基坑支护（如土钉墙支护、护坡桩支护等）、基坑维护、桩基工程、基础土方开挖（挖土），基础工程（地下结构、基础模板、钢筋、基础混凝土工程、基础验收）等工程施工活动。

（3）主体结构工程施工。其主要包括搭设脚手架、主体工程定位放线（标高、位置）、主体模板工程、钢筋工程、混凝土工程、砖砌体工程、钢结构工程、门窗工程、屋面工程等施工活动。

（二）配套设施工程施工

其主要包括水、电、消防、暖通、除尘和给水排水工程等的施工活动。

（三）设备安装工程施工

如电梯、生产设备、办公用具、特殊结构施工、钢结构吊装、大型梁架吊装等施工活动。

（四）装饰工程施工

包括外装修和内装修。

（1）外装修：外装修脚手架、与建筑物的拉结、脚手架防护、幕墙工程、外墙贴面等。

（2）内装修：墙体粉刷、贴面、木构件制作、室内器具等。

（五）楼外工程施工

楼外工程施工包括楼外管道、道路工程、绿化景观工程、照明工程等施工活动。在工程施工中，施工方要安排好各个专业搭接，如为设备安装预埋件，为排水工程、暖通工程、电气工程、智能化综合布线工程预埋管道和预留洞口等。

（六）竣工验收

当工程按照工程建设任务书或设计文件，或工程承包合同完成规定的全部内容，即可以组织竣工检验和移交。如果工程由多个承包商承包，则每个承包商所承包的工程都有竣工检验和移交的过程。整个工程都经过竣工检验，则标志着整个工程施工阶段结束。

（1）工程验收准备工作。在工程竣工前有许多准备工作，如：组织人员进行逐级的检查，看是否完成预定范围的工程项目，是否有漏项；建筑物成品的保护和封闭；拆除各种临时设施，拆除脚手架，对工程进行清洗，清理施工现场等；多余材料、机具和各种物资的回收，退库和转移工作；等等。

（2）竣工资料的准备。包括竣工图的绘制、竣工结算表的编制、竣工通知书、竣工报告、竣工验收证明书、质量评定的各项资料（结构性能、使用功能、外观效果）的准备，等等。

（3）工程竣工自检。承包商对工程首先进行全面检查，检查工程的完成情况，设备、配套设施的运行情况，电气线路和各种管线的交工前检查。承包商应在自检验收合格的基础上，向业主提出竣工验收申请，说明拟验收工程的情况，经监理单位审查，认为具备验收条件，与承包单位商定有关竣工验收事宜后，提请业主组织竣工验收。

（4）验证竣工工程与规划文件、建设工程规划许可证、绿化设计方案、建筑安装工程档案移交文件等是否一致。

（5）工程竣工验收。对一项建设工程的全部竣工验收而言，大量的竣工验收基础工作已在所属各单位工程和单项（单体）工程竣工验收中进行。对已经交付竣工验收的单位工程（中间交工）或单项工程并已办理了移交手续的，原则上不再重复办理验收手续，但应将单位工程或单项工程竣工验收报告作为全部工程竣工验收的附件加以说明。按照竣工验收通知书的安排对工程进行竣工验收，验收合格后签发竣工验收报告，工程竣工验收的主要内容为：施工单位的工程竣工报告，监理单位的工程质量评估报告，勘察、设计单位的质量检查报告，规划、公安消防、环保等部门出具的认可文件或准许使用文件，施工单位签署的工程质量保修书，等等。

（6）将工程竣工验收报告，规划、消防、环保等验收认可文件，工程质量保修书（使用说明书、质量保证书），工程质量监督报告及其他必要的文件，进行工程竣工验收备案。

（7）在竣工验收备案全套资料基础上，签发建设工程竣工合格证。

（8）竣工资料的总结、交付、存档等工作。工程竣工验收合格后，要向城市建设档案管理部门提交最终的工程竣工图纸存档。

（9）进行工程竣工决算。

三、工程的运营准备工作

工程由业主移交给工程的运营单位，或工程进入运营状态，则标志着工程建设阶段任务的结束，工程进入运营（生产或使用）阶段。移交过程有各种手续和仪式，对工业工程，在此前要共同进行试生产（试车），进行全负荷试验，或进行单体试车、无负荷联动试车和有负荷联动试车等试运营验证。

在工程投入运营之前要完成如下运营准备工作：

（1）运营维修手册的编制。

（2）运营的组织建立。

（3）运营人员和维修人员的培训。

（4）生产的原材料、辅助材料准备。

（5）生产过程的流动资金准备等。

在工程总承包项目中，许多运营准备工作也在承包商的工程承包范围之内。

四、施工阶段的其他工作

有些属于工程施工阶段的工作任务或竣工工作会持续到工程的运营阶段。

（1）工程的保修（缺陷通知期）。在运营的初期，工程建设任务的承担者（如设计单位、施工单位、供应单位、项目管理单位等）和业主按照工程任务书或工程承包合同还要继续承担因建设问题产生的缺陷责任，包括对工程的维护、维修、整改、进一步完善等。

（2）工程的回访。工程的任务承担者（设计单位、施工单位等）还要对工程运营状态做回访，了解工程的运营情况、质量、用户的意见等。通常要了解主体结构屋面、设备、机电安装工程、装修工程、各种管道工程状况，并承担保修责任。

（3）工程建设阶段的考核评价。其主要包括建设工期的考核评价、工程质量的考核评价、工程成本的考核评价、安全生产的考核评价、实际投资的考核评价等。

第五节　土木工程运营与维护

一个新的工程投入运营后直到它的设计寿命结束，最后被拆除，就像一个人一样，经过了成长、发育、成熟、衰退的过程。它的内在质量、功能和价值有一个变化过程。通常，在运营阶段，有如下工作：

（1）申请工程产权证。目前，工程产权证主要是针对房屋工程而言的。例如，有的城市规定：房屋建成后首先由开发商去相关政府部门办理产权证，称为初始登记；办理完毕后，个人购房者才能去办理各自的产权证。

（2）在运营过程中的维护管理，能确保工程安全、稳定、低成本、高效率运营，并保障人们的健康，以及能节约能源、保护环境。

（3）工程项目的后评价。在工程运营一个阶段后，要对工程建设的目标、实施过程、运营效益、作用、影响进行系统、客观的总结、分析和评价。它是与工程前期的可行性研究工作相对应的。

（4）对本工程的扩建、更新改造、资本的运作管理等。本项工作原来不作为工程项目生命期的一部分，但现在运营和维护管理已作为工程项目管理的延伸，无论是业主，还是承包商，都十分注重这项工作。

（5）工程经过它的生命期过程，完成了它的使命，最终要被拆除。人类有史以来，任何工程都会结束，最终还回到一块平地，还可能要进行下一个工程的实施，进入一个新的循环阶段。

对于工程来说，工程生命期结束是个里程碑事件，而不能作为一个阶段。一般工程遗址的拆除和处理是由下一个工程的投资者和业主承担的，不作为前一个工程生命期的工作任务。但从一个工程对社会和历史承担的责任来说，应该考虑到工程生命期结束后下一个工程的方便性，所以需要方便而低成本地处理本工程的遗留问题。我国是一个地少人多的国家，土地资源十分匮乏，大量的工程报废后要拆除并进行下一个工程的实施，所以这个问题十分重要。

第六节 建设工程管理

一、建设工程管理的重要性及背景

（一）建设工程管理的重要性

基本建设是实现全面小康社会，推进新型工业化和保持经济持续、快速、稳定发展的重要保证。只要有建设就必须要有相应的建设工程管理来保证建设目标的顺利实现，因此建设工程管理在社会主义现代化建设中的作用是不言而喻的。

1.建设工程管理关系到我国全面建设小康社会的大局

在全面建设小康社会的过程中，全国各地必然会有成千上万个大大小小的建设工程项目上马。这些工程项目的决策是否科学、设计是否合理、质量是否良好、工程是否高效，以及工程目标能否实现等，直接决定了工程项目的成败。这些大大小小的建设工程项目是实现全面建设小康社会的硬件条件，而必要的建设工程管理是确保这些工程成功的前提。因此，这就要求必须更加注重工程管理，不断地提高工程管理的水平。

2.建设工程管理关系到我国新型工业化道路的实现

在我国当前资源瓶颈制约，环境负荷沉重的条件下，要想实现工业化，就必须要走资源节约型、环境友好型，以及能充分显示我国人力资源优势的新型工业化道路。在走新型工业化道路的过程中，必然伴随大量企业的扩建、改建工程，加之建筑行业作为资源消耗量巨大、环境污染较重的行业，这就要求我们必须在此过程中充分利用先进的工程管理技术，加强工程管理，确保资源节约、环境友好，同时又要确保工程质量，以实现工程建设目标。因而可以说，加强建设工程管理是实现我国新型工业化道路的必要前提。

3.建设工程管理关系到我国经济的持续、快速、稳定发展

建设工程管理涉及我国各个产业的方方面面，并与这些产业（如房地产业、建筑业、交通运输业等）相结合，创造了极其巨大的价值。从2002年至今，建设工程管理相关行业的产值始终占到国内生产总值的60%以上，

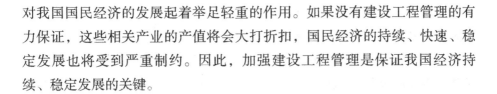

对我国国民经济的发展起着举足轻重的作用。如果没有建设工程管理的有力保证，这些相关产业的产值将会大打折扣，国民经济的持续、快速、稳定发展也将受到严重制约。因此，加强建设工程管理是保证我国经济持续、稳定发展的关键。

（二）建设工程管理的背景

全球经济的迅速崛起和我国经济建设的全面展开，带动了包括生产性建设和非生产性基础设施建设在内的各类工程建设的蓬勃发展。我国建设工程项目的数量和类型在不断增多，大规模、高技术、复杂型建设工程项目的出现呈加速趋势，由此加大了对建设工程项目管理的重视和对复合型建设工程项目管理人才的渴求。当前，我国出现了前所未有的投资热潮，正是这种历史潮流把建设工程项目管理推到了新时代的潮头浪尖。

（1）宏观经济的持续、稳定增长和入世后的国际化要求更加注重建设工程管理。

（2）城市化进程的加快为建设工程管理提供了更宽广的舞台。

（3）大型工程项目的不断涌现为建设工程管理的发展提供了更为广阔的前景。

（4）建筑业与房地产业的蓬勃发展为建设工程管理提供了有力保证。

总之，面临由宏观经济的发展、城市化进程中大量基础设施的建设、大型建设工程项目的涌现、建筑业与房地产业蓬勃发展等带来的机遇，以及面临入世后国际上的挑战，必然要求加强建设过程中的管理工作，这正如中国工程院院士所说："21世纪大规模的现代化工程建设要强化工程技术，更迫切需要培养大量工程管理的专业人才来强化工程管理。"

（三）建设工程管理人才现状

随着我国经济的快速发展、固定资产规模的不断扩大，各行各业尤其是在与建设工程管理相关的建筑业与房地产业的持续、稳定增长这样的大背景下，建设工程管理人才无论是在就业方面，还是在薪金水平方面，都排在各行业前列，并且随着我国经济持续、健康、稳定的发展，市场对建设管理人才的需求量变得非常大，但由于各个高校每年培养的人数有限，在相当长的一段时期内建设工程管理方面的人才在数量方面仍会存在巨大的缺口。建设工程管理专业无论是在过去、现在还是未来，都将是社会看好的热门专业，建设工程管理人才更将是21世纪社会主义现代化建设真正的建设者和接班人，是新时代真正的"天之骄子"。

二、建设工程管理的概念

（一）工程管理

工程管理可以从许多角度进行描述，主要有：

（1）工程管理的目标是取得工程的成功，使工程满足各项要求。对一个具体的工程，这些要求就转化为工程的目标。所以，工程管理的目标有很多。

（2）工程管理是对工程全生命期的管理，包括对工程前期决策的管理、设计和计划的管理、施工的管理、运营维护的管理等。

（3）工程管理涉及工程各方面的管理工作，包括技术、质量、安全，环境、造价（费用、成本、投资）、进度、资源，采购、现场、组织、法律和合同、信息等。这些是工程管理的主要内容。

（4）将管理学中对"管理"的定义进行拓展，则"工程管理"就是以工程为对象的管理，即通过计划、组织、人事、领导和控制等职能，设计和保持一种良好的环境，使工程参加者在工程组织中高效率地完成既定的工程任务。

（5）按照一般管理工作的过程，工程管理可分为在工程中的预测、决策、计划、控制、反馈等工作。

（6）工程管理就是以工程为对象的系统管理方法，通过一个临时性的、专门的柔性组织，对工程建设和运营过程进行高效率的计划、组织、指导和控制，以对工程进行全过程的动态管理，实现工程的目标。

（7）按照系统工程方法，工程管理可分为确定工程目标、制订工程方案、实施工程方案、跟踪检查等工作。

（二）建设工程管理

建设工程管理是工程管理的一个重要分支，它是指通过一定的组织形式，用系统工程的观点、理论和方法对工程建设周期内的所有工作，包括项目建议书、项目决策、工程施工、竣工验收等系统运动过程进行决策、计划、组织、协调和控制，以达到保证工程质量、缩短工期、提高投资效益的目的。由此可见，建设工程管理是以建设工程项目目标控制（质量控制、进度控制和投资控制）为核心的管理活动。

1.建设工程管理的具体职能

管理职能是指管理行为由哪些相互作用的因素构成。换言之，要实现管理的目标，提高管理的效益具体应从哪些方面努力。从项目管理的理论和我国的实际情况来看，建设工程管理的具体职能主要包括以下方面：决策职能、计划职能、组织职能、控制职能、协调职能等。

2.建设工程管理的任务

建设工程管理在工程建设过程中具有十分重要的意义，建设工程管理的任务主要表现在以下几个方面：合同管理、组织协调、目标控制、风险管理、信息管理、环境保护等。

（三）建设工程管理的特点

建设工程作为工程管理的对象，有它的特殊性。工程的特殊性带来工程管理的特殊性。

（1）工程管理需要对整个工程的建设和运营过程中的规划、勘察设计，各专业工程的施工和供应进行决策、计划、控制和协调。工程管理本身有鲜明的专业特点，有很强的技术性。不懂工程，没有工程相关的专业知识的人是很难做好工程管理工作的。

（2）工程管理是综合性管理工作，这体现在四个方面：

①人们对工程的要求是多方面的、综合性的，工程管理是多目标约束条件下的管理问题。

②工程管理要协调各个工程专业工作，管理各个工程专业之间的界面，所以它与工程各个专业都相关。

③由于工程的任务是由许多不同企业（如设计单位、施工单位、供应单位等）的人员完成的，所以一个工程的管理会涉及许多企业。

④在工程计划和控制过程中，工程管理要综合考虑技术问题、经济问题、工期问题、合同问题、质量问题、安全和环境问题、资源问题等。这些就决定了工程管理工作的复杂性远远高于一般的生产管理和企业管理。工程管理者需要掌握多学科的知识才能胜任工作。

（3）工程管理是实务型的管理工作，这体现在两个方面：

①工程管理不仅要设立目标，编制计划，还要执行计划，进行实施过程的控制，甚至要旁站监理。

②由于一个工程的建设和运营是围绕着工程现场进行的，所以工程管理的落脚点是工程现场。无论是业主、承包商，还是设计单位人员，如果不重视工程现场工作，不重视现场管理，是无法圆满完成工程任务的。对工程现场不理解、没有现场管理经验的人是很难胜任工程管理工作的。

（4）工程管理与技术工作和纯管理工作都不同。它既有技术性，需要严谨的作风和思维，又是一种具有高度系统性、综合性、复杂性的管理工作，需要有沟通和协调的艺术，需要知识、经验、社会交往能力和悟性。

（5）工程的实施和运营过程是不均衡的，工程生命期各阶段有不同的工作任务和管理目标。

（6）由于每个工程都是一次性的，所以工程管理工作是常新的工作，富有挑战性，需要创新，需要高度的艺术性。

（7）工程管理工作对保证工程的成败有决定性作用。它与各个工程专业（如建筑学、土木工程等）一样，对社会贡献大，是非常有价值和有意义的工作，会给人以成就感。

第二章　道路（路基）工程现场勘察技术

第一节　路线勘察中的主要工程地质问题

路线选择是由多种因素决定的，地质条件是其中的一个，但它是一个重要的因素，有时则是一个控制性因素。路线方案有大方案和小方案之分：大方案是指影响全局的路线方案，即选择路线基本走向的问题，如越甲岭还是越乙岭，沿A河还是沿B河；小方案是指局部性的路线方案，如走垭口左边还是右边，沿河左岸还是右岸，一般属于线位方案。工程地质因素不仅影响小方案的选择，有时也影响大方案的选择。

一、路基主要工程地质问题

路基的主要工程地质问题表现在如下四个方面：

（一）路基边坡稳定性问题

路基边坡包括天然边坡、傍山路线的半填半挖路基边坡以及深路堑的人工边坡等。具有一定的坡度和高度的边坡在重力作用下，其内部应力状态也不断变化。当剪应力大于岩土体的强度时，边坡即发生不同形式的变化和破坏、其破坏形式主要表现为滑坡、崩塌和错落。

土质边坡的变形主要决定于土的矿物成分，特别是亲水性强的黏土矿物及含量。除受地质、水文地质和自然因素影响外，施工方法是否正确也有很大关系。岩质边坡的变形主要决定于岩体中各种软弱结构面的形状及其组合关系，它们对边坡的变形起着控制作用。只有同时具备临空面，滑动面和切割面三个基本条件，岩质边坡的变形才有发生的可能。由于开挖路堑形成的人工边坡，加大了边坡的陡度和高度，使边坡的边界条件发生变化，破坏了自然边坡原有应力状态，进一步影响边坡岩土体的稳定性；

另一方面，路堑边坡不仅可能产生工程滑坡，而且在一定条件下，还能引起古滑坡复活。由于古滑坡发生的时间长，在各种外应力的长期作用下，其外表形迹早已被改造成平缓的边坡地形，很难被发现。若不注意观测，当施工开挖形成滑动的临空面时，就可能造成边坡失稳。

（二）路基基底稳定性问题

一般路堤和高填路堤对路基基底要求要有足够的承载力，基底土的变形性质和变形量的大小主要取决于基底土的力学性质、基底面的倾斜程度、软土层或软弱结构面的性质与产状等。它往往使基底发生巨大的塑性变形而造成路基的破坏。

（三）道路冻害问题

根据地下水的补给情况，路冻胀的类型可分为表面冻胀和深源冻胀。表面冻胀是在地下水埋深较大地区，其冻胀量一般为30~40mm，最大达60mm。其主要是因路基结构不合理或养护不周，致使道路排水不良。深源冻胀多发生在冻结深度大于地下水埋深或毛细管水带接近地表水的地区，地下水补给丰富，水分迁移强烈，其冻胀量较大，一般为200~400mm，最大达600mm。公路的冻害具有季节性。冬季在负气温长期作用下，使土中水分重新分布，形成平行于冻结界面的数层冻层，局部尚有冻透体，因而使土体积增大（约9%）而产生路基隆起现象；春季地表面冻层融化较早，而下层尚未解冻，融化层的水分难以下渗，致使上层土的含水量增大而软化，在外部荷载作用下，路基出现翻浆现象。

（四）建筑材料问题

路基工程需要的天然建筑材料不仅种类多，而且数量较大，同时，要求各种材料产地沿线两侧零散分布。这些材料品质的好坏和运输距离的远近，直接影响工程的质量和造价，有时还会影响路线的布局。

二、平原区路线勘察工程地质问题

平原区路线所遇到的工程地质问题，按一般地区与强震地区两种情况来讨论。

（一）一般地区

一般地区遇到的工程地质问题有如下五个方面：

1. 地面水

为避免水淹、水浸，应尽可能选择地势较高处布线，并注意保证必要的路基高度。在排水不畅的众河汇积的平原区、大河河口地区，尤应特别注意。

2. 地下水

在凹陷平原、沿海平原、河网湖区等地区，地势低平，地下水位高，为保证路基稳定，应尽可能选择地势较高、地下水位较深处布线，应该注意地下水变化的幅度和规律。不同地区，可能有不同的变化规律，如灌区主要受灌溉水的影响，水位变化频繁，升降幅度大；而多雨的平原区，主要受降水的影响，大量的降水不仅使地下水位升高，而且会形成广泛的上层滞水。

3. 北方冰冻地区

为防治冻胀与翻浆，更应注意选择地面水排除条件较好、地下水位较深、土质条件较好的地带通过，并保证规范规定的路基最小高度。

4. 有风沙流和风吹雪地区

应注意路线走向与风向的关系，确定适宜的路基高度，选择适宜的路基横断面，以避免或减轻公路的砂埋、雪阻病害。

5. 南方河网湖区

沿海平原、凹陷平原及大河河口地区。该地区常常会遇到淤泥、泥炭等软弱地基的问题，勘察时尤应注意。

此外，在广阔的大平原内，砂、石等筑路材料往往缺乏，应借助地形图、地质图认真寻找。

（二）强震地区

建设场地的土质、地下水、地形地貌、地质构造，对平原区的震害轻重有很大影响。

（1）路线应尽量避开地势低洼，地基软弱的地带，选择地势较高，排水较好，地下水位较深，地基内无软弱层（粉细砂和软黏土）的地带通过，同时注意路基排水、路基压实等工作，以避免严重的喷水冒砂，并减轻路基开裂、下沉等震害。

（2）不应沿河岸、水渠布线（除不得已时），应远离河岸、水渠，以防强震时河岸滑移危害路基，并避免严重的喷水冒砂。

（3）对于重要公路，应尽量避免沿发震断层两侧危险地带布线。

三、山岭区路线勘察工程地质问题

山岭区路线勘察工程地质研究重点讨论沿河线与越岭线问题。

（一）沿河线

由于沿河路线的纵坡受限制不大，便于为居民点服务，有丰富的筑路材料和水源可供施工、养护使用。在路线标准、使用质量、工程造价等方面往往优于其他线形，因此，它是山区路线首先考虑的方案。但在深切的峡谷区，如两岸张性裂隙发育，高陡的山坡处于极限平衡状态时，采用沿河线则应慎重考虑。沿河线布局的主要问题是：第一，路线选择走河流的哪一岸；第二，路线放在什么高度；第三，在什么地点跨河。第三个问题将在桥渡部分详细讨论，在此只讨论前两个问题。

1.河岸选择

路线选择走河流的哪一岸，应结合河谷的地貌、地质条件进行分析比较。为了避让不利地形和不良地质地段，还可考虑跨河换岸。为求工程节省、施工方便与路基稳定，路线宜选择在有山麓缓坡、较低阶地可利用的一岸，尽可能避让大段的悬崖峭壁。在积雪和严寒地区，阴坡和阳坡的差异很大，路线宜尽可能选择在阳坡一岸，以减少积雪、翻浆、涎流冰等病害。不同类型的河谷中，遇到的工程地质问题是不同的，表现在如下三个方面：

（1）顺向谷中，路线应注意选择在基岩山坡较稳定、不良地质现象较少的地带。在单斜谷中，如为软弱岩层或有软弱夹层时，一般应选择在岩层倾向背向山坡的一岸；如果是坚硬岩层，则应结合地貌考虑，选择较为有利的一岸。

（2）断裂谷中，两岸山坡岩层破碎、裂隙发育，对路基稳定很不利。如不能避免沿断裂谷布线时，应仔细比较两岸出露岩层的岩性、产状和裂隙情况，选择相对有利的一岸。

（3）山地河谷中，常常会遇到崩塌、滑坡、泥石流、雪崩等不良地质现象。如两岸皆有这种地质现象，应通过详细的调查分析，选择比较有利的一岸；如果规模大、危害严重，且不易防治时，则应考虑避让。跨河到对岸避让时，还应考虑上述不良地质现象可能冲击对岸的范围。

此外，在强震区的沿河线，更应注意避让悬崖峭壁及大型不良地质地段，避免沿断裂破碎带布线，并努力争取地质地貌条件对抗震有利的河岸。

2. 路线高度

沿河线的线位高低，应根据河岸的地质地貌条件及河流的水流情况来考虑。

沿河线按其高出设计洪水位的多少，有高线和低线之分。高线一般位于山坡上，基本不受洪水威胁，但路线较曲折，回旋余地小；低线路基一侧临水，边坡常受洪水威胁，但路线标准较高，回旋余地大。在有河流阶地可利用时，通常认为利用一级阶地定线是最适宜的，因为这种阶地可保证路线高出洪水位，同时由于阶地本身受切割破坏较轻，故工程较省；在无河流阶地可利用时，为保证沿河低线高出洪水位以上，免遭水淹，勘测时应仔细调查沿线洪水位，作为控制设计的依据。同时，应采取切实有效的防护措施，以确保路基的稳定和安全。在强震区，当河流有可能为崩塌、滑坡、泥石流等暂时阻塞时，还应估计到这种阻塞所造成的淹没及溃决时的影响范围，确定河流线位和标高。

（二）越岭线

横越山岭的路线通常是最困难的，一上一下需要克服很大的高差，常需较多的展线。越岭线布局的主要问题：一是垭口选择；二是过岭标高选择；三是展线山坡选择。三者相互联系，相互影响，不能孤立考虑，而应当综合考虑。越岭方案可分为路堑和隧道两种，选择哪种方案过岭，应结合山岭的地形、地质和气候条件考虑。下列情况可以考虑隧道方案：采用较短隧道可以大大缩短路线长度、改善路线标准时；在高寒山区采用隧道可以大大避免或减轻冰、雪病害时。不同的越岭方案有不同的考虑。对于路堑过岭方案，选择标高最低的垭口和适宜展线的山坡是非常重要的；对于隧道过岭方案，选择标高最低的垭口是没有重要意义的，而应选择可以用较低标高和较短隧道通过的垭口。对于隧道方案特别有利的是又瘦又薄的垭口。关于隧道的工程地质问题，将在隧道部分详细讨论，这里着重讨论路堑方案的一些工程地质问题。

1. 垭口选择

垭口是越岭线的控制点，在符合路线基本走向的前提下，垭口的选择要全面考虑垭口的标高、地形地质条件和展线条件。通常应选择标高较低的垭口，特别是在冰雪病害地带。对宽而肥的垭口，只宜采用浅低填方案，过岭标高基本上就是垭口标高；对薄而瘦的垭口，常常采用深挖方式，以降低过岭标高，缩短展线长度，这时就要特别注意垭口的地质条件。例如，断层破碎带型垭口，对深挖特别不利；由单斜岩层构成的垭口，如由页岩、砂页岩互层、片岩、千枚岩等易风化、易滑的岩层组成时，对深挖常常是很不利的。

2. 展线山坡

山坡线是越岭线的主要组成部分，选择垭口的同时，必须注意两侧山坡展线条件的好坏。评价山坡的展线条件主要看山坡的坡度、断面形式和地质构造，山坡的切割情况，以及有无不良地质现象等。坡度平缓而又少切割的山坡有利于展线；陡峻的山坡、被深沟峡谷切割的山坡，对展线是不利的。山坡岩层的岩性和地质构造对于路基稳定有极大影响。如为倾斜岩层（倾角大于10° ~ 15°），且路线方向与岩层走向大致平行时，则应注意岩层倾向与边坡的关系。实际工作中尚应结合岩层的岩性、裂隙、倾角和层间结合情况综合考虑。如虽为倾斜岩层，但路线方向与岩层走向的交角大于40° ~ 50°时，也属于有利情况。接近水平的岩层，如由软硬相间的岩层组成，受差异风化作用，可形成阶梯形状山坡，此种山坡是否稳定主要看坚硬岩层的厚薄及裂隙情况。

山坡上最常见不良地质现象是滑坡、崩塌，调查时应予以特别注意。

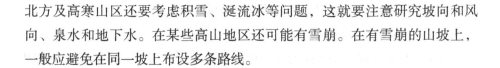

北方及高寒山区还要考虑积雪、涎流冰等问题，这就要注意研究坡向和风向、泉水和地下水。在某些高山地区还可能有雪崩。在有雪崩的山坡上，一般应避免在同一坡上布设多条路线。

第二节　道路（路基）工程地质勘察要点

一、道路工程现场勘察的具体任务

道路工程现场勘察的具体任务表现在如下三个方面：

（1）与路线、桥梁和隧道专业人员密切配合，查清路线上的地质、地貌条件以及动力地质现象，阐明其演变规律，明确各条路线方案的主要工程地质条件，为各方案的比较提供依据。在地形、地质条件复杂的地段，确定路线的合理布设，以减少失误。

（2）特殊岩土地段及不良地质现象，诸如盐渍土、多年冻土、岩溶、沼泽、积雪、滑坡、崩塌、泥石流等，往往影响路线方案的选择、路线的布设和构造物的设计，应重点查明其类型、规模、性质、发生原因、发展趋势和危害程度。对严重影响路线安全而数量多、整治困难的各种工程地质问题，如发展中的暗河岩溶区、深层滑坡地段、深层沼泽、有沉陷的深源冻胀地段等，一般均以避绕为原则。但对技术切实可行，可彻底整治而费用不高，对今后运营无后患的地段，应合理通过，绝不盲目避绕。

（3）充分挖掘、改造和利用沿线的一切就地材料，满足就地取材的要求。当就近材料不能满足要求时，则应由近及远扩大调查范围，以求得足够数量的品质优良，适宜开采和运输方便的筑路材料产地。

二、道路工程初勘和详勘阶段工作要点

（一）初步勘察阶段

本勘察阶段的基本任务主要是对已确定的路线范围内所有路线摆动方案进行勘察对比。确定路线在不同地段的基本走法，并以比选和稳定路线为中心，全面查明路线最优方案沿线的工程地质条件。下面重点介绍路

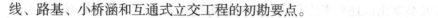

线、路基、小桥涵和互通式立交工程的初勘要点。

1. 路线初勘

（1）勘察内容：路线初勘应重点查明与选择路线方案和确定路线走廊有关的地质问题，具体内容有如下方面：沿线的地形、地貌和地质构造；不良地质、特殊性岩土的类型、性质及分布；大型路基工程场地的地质条件；路基填筑材料的来源；预测可能产生工程地质病害的地段、病害性质及对工程方案的影响。

（2）勘察范围：勘察工作包括各路线比较方案。沿路线两侧各宽150～200m，不良地质和特殊岩土分布路段应视查明地质问题的需要和对路线可能影响的情况扩大勘察范围。

（3）资料要求：路线勘察的资料有如下要求：

①路线工程地质说明书。沿线地质概况，不良地质和特殊性岩土类型、分布、特性，工程地质条件对路线方案和线位的影响。

②路线工程地质图。该图主要显示测区工程地质概况以及与各路线方案的相应关系。比例尺为1：50000～1：200000，标示内容主要有：地层地质时代（划分至组）或成因类型分界线；地层代表性产状，主要的地质构造线，地震基本烈度界线，大地貌单元界线，不良地质和特殊性岩土的类别、位置（用符号表示）；工程地质分区及分区说明表；工程地质综合柱状图；路线工程地质纵断面示意图或区域代表性地质断面示意图。

③工程地质平面图。利用路线图作底图编制，比例尺为1：10000～1：20000。不良地质地段另绘比例尺为1：2000～1：10000的工程地质平面图，较详尽地显示路线的工程地质条件。图上标示的内容为：地层界线，基岩按地质年代划分至组，组以下按工程地质岩组划分；第四系按成因类型划分系统；地质构造，岩层与节理的代表性产状，断裂与褶曲的位置与产状；工程地质区划界线及地质构造；不良地质和特殊性岩土范围界线；地下水露头点；地震基本烈度界线；地质观察点、勘探点、测试点位置；各段代表性地层小柱状图。

④工程地质纵断面图。水平比例尺用1：2000～1：20000，垂直比例尺相应地用1：200～1：2000。不良地质地段应另绘水平比例尺为1：2000～1：10000、垂直比例尺相应地为1：100～1：1000的工程地质纵断

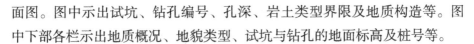

面图。图中示出试坑、钻孔编号、孔深、岩土类型界限及地质构造等。图中下部各栏示出地质概况、地貌类型、试坑与钻孔的地面标高及桩号等。

2. 路基初勘

（1）一般路基：勘察重点是与地基稳定和边坡稳定及设计有关的地质问题，主要内容有：岩石的名称、岩性、产状、风化破碎程度及风化层厚度；表土类别、名称、密实程度、含水状态；地下水和地表水的活动情况。勘察资料要求有路基工程地质条件分段说明、工程地质纵断面图、代表性工程地质横断面图和勘探、测试资料汇总表。

（2）高路堤：勘察重点是为调查地层层位、层厚、土质类别，调查地下水埋深、分布，确定土的承载能力、抗剪指标和压缩指标；判定在路堤附加荷载作用下，地基沉降和滑移的稳定性；地层中的软弱层应作为重点。但当土质地基为软土时，应按《公路软土地基路堤设计与施工技术细则》（JTG/T D31-02—2013）的有关规定办理。

调查与测绘内容：采用初测路线平面图，按1∶5000精度控制进行地调和测绘，结合勘探资料和编绘路段工程地质平面图；选定路段的控制横断面位置，控制横断面在纵向上一般每200m设1个，地层变化不大时，可以每500m设1个，或每个工段不得少于2个；用1∶100～1∶200的比例尺编绘控制横断面图，左右应超过路堤底宽至少20m。勘探内容要点如下：每1个控制横断面上，包括露头、挖探、简便钻探、触探、物探等勘探点不得少于2个；勘探深度对小于2～4m的覆盖层应达到基岩面，对于深厚土层应不小于路堤高度并穿过软土层；高填路段及地质构造处，视需要可采用少量钻孔，孔径应满足采样测试的要求。

勘察资料要求有路段工程地质说明书、路段地质平面略图、处理方案建议和详勘工作建议。

（3）陡坡路堤的勘察重点为：对于填筑在等于或陡于1∶2的斜坡上的及存在可能沿斜坡滑动的路堤（包括半填路堤），应查明其沿斜坡或下卧基岩面滑动破坏的可能性；调查斜坡上覆盖土层的层位、层厚、土类，斜坡下卧基岩岩石的倾斜度、岩性、产状、风化程度，斜坡地表水和地下水的情况；确定土层和岩土界面的抗滑、抗剪指标。

（4）深路堑应以如下内容作为勘察重点：对于初拟的路堑边坡高度大

于或等于20m，或边坡高度虽小于20m，但需要特殊处理者，均应对开挖边坡的土层、岩层及沿软弱结构面滑动的稳定性进行调查，调查岩土组成情况，岩土界面坡度和倾向，岩石风化程度；调查土质边坡的土层层位和层厚；调查边坡岩层层位，产状、岩性，软弱夹层和构造结构面情况，结构面抗剪、抗滑指标；调查地形、地貌、水文地质情况，特别是地面水活动情况和地下水埋藏及渗流情况。

（5）支挡工程：支挡工程的勘察重点为如下三项内容：

①勘察支挡工程构造物位置处承重地基的地层岩性、地质构造、水文条件，重点是探查下卧软弱地层的存在及分布。

②掌握支挡工程构造物承重地层的物理力学指标。

③论证、推荐优选的支挡工程方案。

（6）河岸防护工程的勘察重点如下：

①在临河沿河的低位路线的河岸和下边坡，当存在水流冲刷失稳，对需要设置河岸防护和疏导水流工程的路段，应进行调查。

②调查岸坡地层岩性，地质构造、地形、地貌、不良和特殊地质现象的现状和发展趋势。

③调查河段的水力特征、冲淤变化规律。

④调查防护工程及导流工程构造物位置基底地层、岩土组成、岩土物理力学指标。

（7）改河（沟渠）工程勘察重点如下：

①对因路线或桥梁的需要，初拟的河道、沟渠改道地段应列项调查。

②调查原河段的水流、水力特征，冲刷、淤积规律，原河段的性质、类型和发育阶段。

③调查改移河道地段的地形地貌、水文条件、地层岩性、地质构造。

④评价改移河道地段的工程地质与水文条件，预测改移河道后两岸和下游岸坡的水流冲刷稳定性及设防护工程的必要性。

3. 小桥涵初勘

小桥涵初勘的重点：勘察小桥，涵洞的台、墩处地基的地层岩性、地质构造，重点是查明地基覆盖层厚度及承载力，基岩埋深，风化程度及承载力，掌握地层在路幅宽度方面的变化。小桥涵调查与测绘，应通过工程地质调查、目测和简易测绘，结合勘探资料，测绘小桥轴线、墩台轴线和涵洞轴线的地质断面图，比例尺与路基横断面图相同。小桥涵的勘探，应在小桥的轴线、墩台轴线、涵洞轴线上，布置包括露头、挖探、简易钻探、触探和物探等，勘探点不少于1个，其深度应达到构造物要求的持力层，遇软弱地基，应穿过厚层覆盖层中的软弱地层。小桥涵的测试，应利用露头、挖探、简易钻探采样进行目测和测试，结合勘探进行原位测试。

小桥涵勘察的资料，应充分利用沿线其他工程勘探资料，提供小桥、涵洞地质调查材料表与勘探点柱状图。对地质条件复杂的场地，拟按表列出项目和内容，包括：小桥轴线、墩台轴线、涵洞轴线在中线位、左右边线的地层层位、岩土名称、承载力、地下水位等，并附有对小桥涵基础埋深或地基处理、基础类型建议的文字说明。此外，对于特殊地质条件下的小桥涵，应提出存在的特殊问题及详期工作建议。

4.互通式立交工程

互通式立交工程勘察重点为如下三项内容：调查区段内的地层岩性、地质构造、地形地貌、水文条件和特殊、不良地质问题；调查区段内的桥位、隧址、高填路堤、陡坡路堤、深路堑和支挡工程等的地质条件；确定有关地层的物理力学指标。

互通式立交工程的调查与测绘，应采用1∶2000地形图，精度按1∶5000控制，对立交工程区段进行工程地质调绘，结合勘探资料编绘互通式立交工程地质平面图，而且应按立交桥（包括墩台）主交叉路线，匝道路线分段进行工程地质测绘，结合勘探资料编绘分段地质纵断面图。

互通式立交工程的勘探应兼顾立交桥墩、台轴线在立交桥轴线上布置勘探点，包括露头、挖探、简易钻探、触探和物探等。测试工作应结合勘探工作采用原位测试方法，进行土层物理力学指标的测定；利用露头、挖探、简易钻探取样，进行目测和测试，对比分析，判定岩土物理力学指标的范围值。在钻孔中取样进行室内试验。

互通式立交工程的资料有：互通式立交工程地质说明书，包含评价立交工程地质条件，提出立交工程布置，立交形式的建议，以及对重点、特殊处理工程布置方案与详勘工作提出的建议；互通式立交工程区段工程地质平面图，互通式立交桥中的特大、大、中桥桥位工程地质平面图和纵断

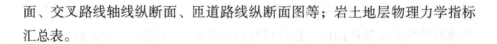
面、交叉路线轴线纵断面、匝道路线纵断面图等；岩土地层物理力学指标汇总表。

（二）详细勘察阶段

道路（路基）的详细勘察是根据已有标准的初步设计文件中所规定的修建原则、设计方案、技术要求等资料，对各种类型的工程建筑物（桥、隧、站场等）位置有针对性地进行详细的工程地质勘察。最终确定道路路线和构造物的布设位置，查明构造物地基的地质构造、工程地质及水文地质条件，准确提供工程和基础设计、施工必需的地质参数。

详细勘察阶段的内容要求如下。准备工作：充分研究初勘资料，确切掌握初步设计审批的有关内容，了解设计意图，明确勘察重点；参与路线方案的研究和现场调查工作、了解各方案沿线的工程地质情况；拟订勘察作业计划，落实人员和技术装备。调查与测绘：在现场对初勘资料进行核实、补充和修正，进一步说明沿线的工程地质条件；对有价值的局部路线方案，新发现的不良地质和特殊性岩土地段，增设的大型工程的场地和新增沿线筑路材料料场，均参照初勘阶段规定的要求，并按详勘的广度和深度进行调查和测绘。勘探：工作重点布设在不良地质和特殊性岩土路段及工程构造物位置；勘探点的数量、间距、深度，应能满足查明工程地质条件和施工图设计的需要；勘探中如需要变更要求，应征得委托方的同意，方可实施。测试：应重点布设在不良地质和特殊性岩土路段及工程构造物所在处，获取评价地质条件和工程设计所需的地质参数。测试的项目、数量、方法，视工程地质条件、工程类别和设计计算的需要确定，各类地质参数应准确，重要的数据宜采用多种方法进行测试。

1.路基详勘

（1）一般路基详勘的重点：沿路线按微地貌特征分段，查明各段的地质结构、岩土类别、土的密度和含水状态，基岩风化情况，地下水埋深、变化规律和地表水活动情况；确定路基基底的稳定性，边坡结构形式及坡度；确定设置支挡构造物和排水工程的位置；划分土石工程等级。

一般路基的勘探，多沿路线中线布设，对于土质路基段，一般在初勘探点之间增加勘探点；当探点间地质条件变化较大时，应适当增加勘探

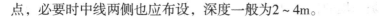

点，必要时中线两侧也应布设，深度一般为2～4m。

一般路基的测试，应按地质条件分段布设测试点，并分层采取代表性样品进行室内试验或在代表性地段做原位测试。测试间距可按间隔1个勘探点进行，但每一分段均应有测试孔。土的含水量按深度0.5m、1.0m、2.0m、4.0m取样测试。

一般路基详勘的资料要求：对高速公路应编写路基工程地质条件分段说明，主要内容为：地貌条件、岩土组成、地表水、地下水情况；分段代表性地质横断面图或柱状图；勘探、测试资料。一般公路可在工程地质平面图中表示。

（2）高路堤详勘的重点：一是对已确定存在沉降和滑移问题的高填路堤的初拟处理方案，应落实其有关地层层位、层厚、岩土类别、分布范围和水文条件；二是对有关地层进行测试，掌握设计所需的各种物理力学指标数据，特别是固结和抗剪指标。

调查与测绘内容：采用详勘路线平面图，精度按1：2000控制进行地调和测绘，加密地质点，补充地调测绘工作，编绘路段工程地质平面图；综合调绘和初勘资料，核定控制横断面位置和数量，一般应每100m设1个，地质条件变化不大者，可以每300m设1个，或每个工段设2～3个；控制横断面图宽度应超过编绘，应超过路堤底左右各20m，采用1：100～1：200的比例尺。

勘探内容要点如下：每1个控制横断面上，至少应设1个钻孔或每一工段至少应设2个钻孔，辅以触探、挖探、简易钻探在内，每个控制横断面上应不少于3个探点；勘探深度结合设计方案的需要决定，钻探应穿过软土层。

测试工作：钻孔应分层采样进行室内试验，试验项目按设计要求进行确定，测试应以软弱地层作为重点，原位测试应结合勘探工作进行。

勘察资料要求包含如下三项内容：路段工程地质详勘说明书，评价有关地层物理、力学指标及其使用条件，提供设计方案优化的建议；路段工程地质平面图、纵断面图、控制横断面图，并应附勘探工作基础资料图表；地层物理力学指标汇总表，并应附测试工作基础资料图表。

（3）陡坡路堤的详细勘察重点为如下两项内容：对于已确定存在不稳

定性问题的斜坡路堤的各种初拟处理方案，应查明有关的地层岩性、地质构造、水文地质条件；对有关地层可能滑动的岩土界面进行测试并掌握其各种物理力学指标，重点是抗滑、抗剪指标，以满足设计的需要。

调查与测绘要求如下：第一，采用详勘路线平面图，精度按1：2000控制，加密地质点，补充工程地质调查和测绘工作，测绘路段工程地质平面图；第二，综合调绘资料，核定控制横断面位置及数量，一般应每100m设1个，地质条件变化不大者，可以每300m设1个，或每个工段设2~3个；第三，控制横断面采用1：100~1：200比例尺编图，测绘范围应上下超过陡坡路堤宽至少20m。

勘探与测试要求如下：第一，每一个控制横断面上至少应设1个钻孔，或每个工段至少应设2个钻孔，辅以触探、挖探、简易钻探等在内，每个控制横断面上应不少于3个勘探点；第二，勘探深度一般应达到预计滑动面（土层、岩土界面或岩体软弱结构面）以下；第三，钻探应以预计的滑动界面岩土为主，分层取样，进行室内试验，试验内容按设计方案需要确定，以抗剪、抗滑指标为重点，层位测试应结合勘探工作进行。

陡坡路堤的详细勘察资料应提供路段详勘地质说明书、路段工程地质平面图、纵断面图、控制横断面图，并附勘探工作基础资料图表，地层物理力学性质指标汇总表。

（4）深路堑应以如下内容作为勘察重点：第一，对已确定存在开挖边坡稳定问题路段的设计方案，应查明其他地层岩性、地质构造、水文地质条件及可能滑坍影响范围；第二，对可能滑坍的边坡土体和岩体的结构面的测试，应掌握设计所需的各种物理力学指标，重点是抗剪、抗滑指标。

调查与测绘要求如下：第一，一般采用详勘路线平面图，精度按1：2000控制，加密地质点，进行补充调查和测绘工作，结合勘探资料测绘路段工程地质平面图，必要时可在大比例的地形图中填绘工程地质平面图；第二，规模大、地质条件复杂的工段，应另测绘1：200~1：500比例尺的工程地质平面图；第三，综合调绘资料，核定控制横断面位置及数量，一般应每100m设1个，根据地层变化和边坡高度可以加密到50m或放宽到200m设1个，或每个工段不少于2个；第三，控制横断面采用1：100~1：200比例尺绘图，测绘范围应根据地层岩性、地质构造、地形地貌、水文条件所影响的滑坍范围确定，对路线中线可不必进行对称测绘。

勘探与测试及提供的工程地质资料要求和深路堑相似。

（5）支挡工程的勘察重点是对已定支挡工程位置处承重地基的地层岩性、地质构造和设计所需物理力学指标进行核实。

支挡工程的调查与测绘，一般可进行针对性的补充工作，采用详勘路线平面图，精度按1∶2000控制调绘地质平面图，并进行核定支挡工程布局和控制的横断面位置。

支挡工程的勘探，要求在控制横断面上的支挡位置增设钻孔1个，对土层地基钻探应穿过软弱层，或在设计基底以下3m；对浅薄土层覆盖的岩石地基应钻入岩面以下3m。对全裸露岩石地基或浅薄土层覆盖，工程地质条件良好者可不增设钻孔。

（6）河岸防护工程的勘察重点在于：对已定的河岸防护和导流工程的地基地层岩性、地质构造和承重地层的物理力学指标进一步勘察核实。

调查与测绘要点有如下两个方面：第一，采用详测路线平面图，精度按1∶2000控制，加密地质点，进行补充调查和测绘，结合勘探资料测绘路段工程地质平面图，必要时可在大比例的地形图中填绘工程地质平面图；第二，核定防护、导流工程的布局和控制横断面位置。

勘探工作应在控制横断面上的防护、导流工程位置上适量增设钻探孔1个，辅以挖探、简便钻探或触探，勘探孔深应视具体情况而定。

河岸防护工程勘察资料要求如下：第一，河岸防护及导流工程详勘说明书，应论证工程布局的合理性，承重地基的稳定性，地基岩土物理力学指标及使用条件，提供防护工程措施优选建议，地基处理方法建议；第二，河岸防护及导流工程轴线地质纵断面图、控制横断面图，应附勘探、工作基础资料图表；第三，提供地基岩土物理力学性质指标汇总表，附测试、工作基础资料图表。

（7）改河（沟渠）工程勘察重点如下：对已定的改河（沟、渠）方案及其河岸防护、导流工程进一步核实其所涉及的开挖区段和构造物地基的地层岩性；对地质构造和水文地质条件，以及防护、导流工程构造物地基岩土的物理、力学指标等进一步查明。

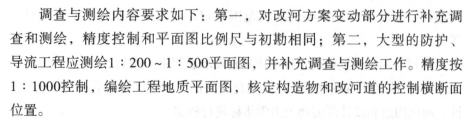

　　调查与测绘内容要求如下：第一，对改河方案变动部分进行补充调查和测绘，精度控制和平面图比例尺与初勘相同；第二，大型的防护、导流工程应测绘1：200～1：500平面图，并补充调查与测绘工作。精度按1：1000控制，编绘工程地质平面图，核定构造物和改河道的控制横断面位置。

　　2. 小桥涵详勘

　　对存在不良地质问题的小桥涵或移位新增小桥涵地基的地层岩性，地质构造及岩土承载力进行补充地质勘探，提供资料的方式及内容与初勘相同。

　　3. 互通式立交工程

　　互通式立交工程勘察重点为如下内容：应对已确定设计方案的互通式立交工程中的桥梁墩台、特殊和不良地质路段、重点工程路段，进一步查明地层岩性，地质构造和设计所需的各类岩土物理、力学指标。

　　互通式立交工程的调查与测绘，应采用详勘路线平面图对互通式立交区段进行补充调查测绘工作。

　　互通式立交工程的勘探应对桥位和高路堤增补钻孔，以查明地基地层层位、岩性、地质构造。测试工作应针对承重地层进行原位测试或采样，并进行室内试验，试验项目按桥梁、不良地质和重点工程项目设计和地基设计的需要确定。

　　互通式立交工程的资料包括：互通式立交工程地质说明书，立交工程区段地质条件论证书，特殊性岩土地段、不良地质地段、重点工程路段的专项论证。互通式立交工程区段工程地质平面图，特殊和不良地质路段及重点工程路段的局部工程地质平面图，控制纵、横断面图，附勘探工作基础资料图表；岩土地层物理力学指标汇总表，附测试工作基础资料图表。

第三章 路基施工条件与设计

第一节 路基类型与构造及设计内容

一、路基类型与构造

通常根据公路路线设计确定的路基高程与天然地面高程是不同的，路基设计高程低于天然地面高程时，需进行开挖；路基设计高程高于天然地面高程时，需进行填筑。由于填挖情况的不同，路基横断面的典型形式有路堤、路堑和填挖结合三种类型。

（一）路堤

路堤全部用岩土填筑而成。按路堤的填土高度不同，一般路堤又可分为低路堤和高路堤。填土高度小于1.5m的路堤，属于低路堤；填土高度大于18m（土质）或20m（岩质）的路堤，属于高路堤。随路堤所处的地质与水文条件和加固类型的不同，还有浸水路堤、护脚路堤及挖沟填筑路堤等形式，非以上特殊情况的路段是普通路堤。

低路堤常在平坦地区取土困难时选用。平坦地区地势低，水文条件较差，易受地面水和地下水的影响，设计时应注意满足最小填土高度的要求，力求不低于规定的临界高度，使路基处于干燥或中湿状态。路基两侧均应设边沟。低路堤的高度通常接近或小于路基工作区的深度，除填方路堤本身要求满足规定的施工要求外，天然地面也应按规定进行压实，达到规定的压实度，必要时进行换土或加固处理，以保证路基路面的强度和稳定性。

填方高度不大时，填方数量较少，全部或部分填方可以在路基两侧设置取土坑，使之与排水沟渠结合。为保护填方坡脚不受流水侵害，保证边坡稳定性，可在坡脚与沟渠之间预留1~2m甚至大于4m宽度的护坡道。地面横坡较陡时，为防止填方路堤沿山坡向下滑动，应将天然地面挖成台阶或设置砌石护脚。

高路堤的填方数量大，占地多，为使路基稳定和横断面经济合理，需针对其稳定性进行个别设计。高路堤和浸水路堤的边坡，可采用上陡下缓的折线形式或台阶形式，如在边坡中部设置护坡道。为防止水流侵蚀和冲刷坡面，高路堤和浸水路堤的边坡须采取适当的坡面防护和加固措施，如铺草皮、砌石等。

（二）路堑

路堑全部在天然地面上开挖而成。路堑的几种常见横断面形式，有全挖路基、台口式路基及半山洞路基。方边坡可视高度和岩土层情况设计成直线或折线。方边坡的坡脚处应设置边沟，以汇集和排除路基范围内的地表径流。路基的上方应视情况设置截水沟，以拦截和排除流向路基的地表径流。挖方弃土可堆放在路堑的下方。边坡坡面易风化时，在坡脚处设置0.5～1.0m的碎落台，同时可对坡面采取防护措施。

陡峻山坡上的半路堑，路中线宜向内侧移动，尽量采用台口式路基，避免路基外侧的少量填方。遇有整体性的坚硬岩层，为节省石方工程，可采用半山洞路基。

挖方路基的土层地下水文状况不良时，可能导致路面的破坏，所以对路堑以下的天然地基要压实至规定的压实程度，必要时还应超挖，重新分层填筑、换土或进行加固处理，加铺隔离层，设置必要的排水设施。

（三）填挖结合

当天然地面横坡大，且路基较宽，需要一侧开挖而另一侧填筑时，采用填挖结合路基。在丘陵或山区公路上，填挖结合是路基横断面的主要形式。位于山坡上的路基，通常取路中心的高程接近原地面高程，以减少土石方数量，并使得土石方数量横向平衡，形成填挖结合路基。若处理得当，路基稳定可靠，可减少土方调运量，是比较经济的断面形式。

填挖结合路基兼有路堤和路堑两者的特点，上述对路堤和路堑的要求均应满足。填方部分的局部路段，如遇原地面的短缺口，可采用砌石护肩。如果填方量较大，也可就近利用废石方，砌筑护坡或护墙，砌石护坡和护墙相当于简易式挡土墙，承受一定的侧向压力。有时填方部分需要设置路肩（或路堤）式挡土墙，确保路基稳定，进一步压缩用地宽度。对于砌石护肩、护坡与护墙以及挡土墙等路基，如果填方部分悬空，而纵向又有适当的基岩时，则可以沿路基纵向建成半山桥路基。

路堤、路堑、填挖结合三类典型路基横断面形式各具特点，分别在一定条件下使用。由于地形、地质、水文等自然条件差异性很大，且路基位置、横断面尺寸，也应服从于路线、路面及沿线结构物的要求，所以路基横断面类型的选择，必须因地制宜，综合设计。

二、路基在道路工程中的作用

路基是按照路线位置和一定技术要求修筑的带状构造物，是路面的基础，承受由路面传来的行车荷载。路基是公路线形的主体，是公路工程的骨架，贯穿公路全线，与沿线的桥梁、涵洞和隧道等相连接，它是公路的重要组成部分。

路基由路基结构和路基设施组成。路基结构是指路面结构层之下的路基范围；路基设施是指为保证路基本体结构性能的稳定而采用的必要的附属工程设施，它包括排水设施和防护支挡加固设施。公路是线形构造物，通常将公路线形分成公路平面图、公路纵断面图和公路横断面图三部分。公路横断面图也就是公路路基的横断面图，表明了公路沿线各桩号的路基填挖情况和几何形状。

路面结构层以下0.8m或1.2m范围内的路基部分称为路床。在结构上分为上路床和下路床，上路床厚度为0.3m；下路床厚度，对于轻、中及重交通为0.5m，对于特重、极重交通为0.9m。高于原地面的填方路基称为路堤。路堤在结构上分为上路堤和下路堤，上路堤是指路床底面以下0.7m范围内的填方部分，下路堤是指上路堤以下的填方部分。

路基是路面的基础，是路面的支承结构物，它与路面共同承受交通荷载的作用。路基质量的好坏，必然反映到路面上来。路面损坏往往与路基填料不当、路基排水不畅、压实度不够、强度低等有着直接关系，因此路基必须具有足够的强度、稳定性和耐久性。为了保证路基的稳定，必须修建完善的排水设施和防护工程，用于排除地面水和地下水。在修建山区公路时，往往还须修筑各种防护工程和特殊构筑物。

三、路基工程特点

在公路建设中，路基的修筑大多是由土石填筑或挖掘而成的。路基工程的特点是：工艺较简单，工程数量大，耗费劳力多，涉及面广，占用投资大。以三级公路为例，设计车速为60km/h时，每千米土石方数量为8 000~16 000m³，设计车速为30km/h时，每千米土石方数量约为20 000~60 000m³，特殊路段可达10余万立方米。路基工程的投资约占全部投资的25%~45%，个别山区公路可达65%左右。当遇到高填深挖、高长路堤及严重不良地质和水文地质路段的路基工程，或者填挖边坡高度虽在边坡坡度表范围之内，但岩层的产状对路基稳定十分不利，以及在软土、强膨胀土、大型滑坡、泥石流、雪崩和崩塌等危害严重地段的路基重点工程时，投资急剧增大。路基工程占地多，路基施工改变了沿线原有的自然状态，填挖和土石方影响到当地生态平衡、水土保持和农田建设。路基工程对施工工期影响较大，土石方相对集中的路基重点工程路段，往往是公路建设期限的关键。路基稳定与否，对路面工程质量影响甚大，关系到公路的使用质量和寿命。

路基工程的难易与路线设计的关系很大。一般情况下，路线设计直接影响到路基设计，因为路基的稳定条件，工程难易和土石方数量大小、占用农田多少，主要决定于路线走向和定位，特别是路线通过山岭地区的工程困难地段或地质不良路段，更需要注意路线设计和路基设计的协调配合，合理选定线位，尽可能避开难处理的地质不良路段和工程困难地段，从而保证路基稳定，减少工程数量，节约工程投资，缩短工程期限，利于路基的设计、施工和养护。反之，当路线不可能避开地质不良地段和工程困难地段时，必须根据当地的具体条件，慎重进行路基设计，通过正确的路基设计，做出恰当处理，以保证路基的整体稳定。

路基的强度与稳定性，是保证路面强度与稳定性的基本条件，提高路基的强度与稳定性，就可以减少路面厚度，降低路面造价。当前，我国公路交通量在迅速增长，公路等级在逐步提高，势必较多地采用高级和次高级路面，从而对路基强度和稳定性的要求就更高。因此，路基路面设计，应进行综合考虑。桥头引道处的路基，同桥位设计和桥孔设计密切相关，其勘测与设计两者相互配合，路基与涵洞，路基与桥梁在布置与标高方面的关系，应注意配合恰当。

由于公路沿线地形、地貌、工程地质和水文地质、土壤类别等变化很大，路基工程的工艺较为简单，但如何适应行车荷载和各种路面类型的特点，使路基能够保持整体稳定性，并构成比较均匀，具有一定强度和稳定性的路面基础是路基工程的难点，因此在设计、施工和养护工作中必须引起足够重视。

四、对路基的基本要求

没有稳定的路基，就不能保证路面的稳定，路基必须密实、均匀、稳定。填方路基的填料选择，路床的质量要求，以及填方路堤的基底处理应符合相关公路路基设计规范的要求。为了保证路基的强度和稳定性，必须采取防止地面水和地下水浸入路面路基的措施，使路基处于干燥或中湿状态，加强路基排水，采取必要的支挡防护措施，防止路基产生病害，保证公路运营安全。除路基断面尺寸应符合设计标准外，还应满足下列基本要求：

（一）具有足够的整体结构稳定性

路基是直接在天然地面上开挖部分地面或填筑而建成的。路基修建后改变了原地面的自然平衡状态。为防止路基在行车荷载及各种自然因素作用下，发生过大的变形和破坏，必须针对当地的具体情况，采取必要的措施来保证路基整体结构的稳定性。

（二）具有足够的强度

路基的路床部分要与路面共同作用，来抵抗行车荷载和路基路面自重产生的变形。这种抵抗变形的能力，就是路基的强度，保证在外力的作用下，不致产生超过容许范围的变形。路基的变形常占路面总变形中较大部分，路基过大的变形，会降低路面的使用品质，甚至会造成路面的破坏，

因此要求路基应具有足够的强度。

（三）具有足够的水温稳定性

路基在地面水和地下水作用下，路基强度将会发生显著降低的现象，而在季节性冰冻地区，由于周期性的冻融作用，在水和负温度坡差共同作用下，会发生冻胀，造成路面隆起；春融期局部土层过湿软化，路基强度急剧下降。因此，不仅要求路基具有足够的强度，而且要保证在最不利的水温条件下，路基不致冻胀和在春融期强度不致发生显著降低，这就要求路基应具有足够的水温稳定性。

五、路基设计的基本内容

路基设计应根据公路的性质、等级和技术标准，结合当地的自然条件，特别是工程地质条件，拟订正确的路基设计方案，选择适当的路基横断面形式和边坡坡度，作为路基施工的依据。

路基设计的具体内容包括：

（1）路基设计之前，应做好路基设计的基础资料调查研究和收集相应的设计资料的工作，如公路野外调查，充分收集沿线地质、水文、地形、地貌、气象、地震等资料。对于改建公路，还应收集历年路况资料及当地路基的翻浆、崩塌、水毁等病害的防治经验。

（2）根据路线纵断面设计确定的填挖高度，结合沿线地质条件、水文调查资料，设计路基横断面形状及边坡坡度。对一般路基，可根据设计规范规定，按路基典型横断面直接设计路基横断面图。对路基重点工程，以及特殊路基，须进行个别设计。当路基设计难度大或出现不合理现象时，应考虑调整线位并与其他工程措施进行比较。

（3）根据公路沿线的地面水和地下水情况，进行排水系统的总体布置，以及地面、地下排水结构物的设计，以排除路基、路面范围内的地表水和地下水，保证路基和路面的稳定，使各种排水措施形成一个功能齐全、排水能力强的完整排水系统。

（4）根据路基横断面尺寸及所在路段情况，进行坡面防护、冲刷防护和支挡构造物的布置与设计计算。

（5）路基工程的其他设施的布设与计算。

六、影响路基稳定性的因素

公路路基裸露在大气中，其稳定性在很大程度上由当地自然条件所决定，并受人为因素的影响（设计与施工的合理性）。因此，深入调查公路沿线的自然条件，从地区和具体路段的情况去分析研究，掌握各有关自然因素的变化规律及其对路基稳定性的影响，才能因地制宜地采取有效工程技术措施，以保证路基具有足够的强度和稳定性。

（一）影响路基稳定性的自然因素

1. 地理条件

公路沿线的地形、地貌和海拔高度不仅影响路线的选定和线形设计，也影响到路基设计。平原、丘陵和山岭各区地势不同，路基的水温情况也不同。平原区地势平坦，排水困难，地表易积水，地下水位相应较高，因而路基需要保持一定的最小填土高度；丘陵区和山岭区，地势起伏较大，排水设计至关重要，否则易造成冲毁，影响路基的稳定。

2. 地质条件

公路沿线的地质条件，如岩石的种类、成因、节理、风化程度和裂隙情况，岩层定向、倾向、倾角、层理和岩层厚度，有无软弱夹层或遇水软化的夹层，以及有无断层或其他特殊的地质现象（如岩溶、泥石流等），都对路基的稳定性有一定影响。

3. 气候条件

气候条件如降水、冰冻深度、温度、日照、蒸发量等，都影响公路沿线地面水和地下水的状况，并影响路基的水温情况。不同的气候条件，使路基的强度和稳定性的变化规律具有各自不同的特点。随气候的季节性变化，影响路基水温情况，发生季节性的周期变化。在山岭区，气候的日变化剧烈，温湿度变化幅度大，风化作用强烈。

4. 水文和水文地质条件

水文条件如公路沿线地表水的排泄条件，河流洪水位、常水位，有无地表积水和积水期的长短，河岸的冲刷和淤积情况等。水文地质条件如地下水位、地下水移动的规律、有无层间水、裂隙水、泉水等。所有这些地面水和地下水，都会影响路基的稳定，如处理不当，常会引起路基各种病害。

5. 土的类别

不同的土类具有不同的工程性质，因而影响到路基的设计与施工。砂粒成分多的土，其强度构成以内摩擦力为主，强度较高，受水的影响小，但施工时不易压实。较细的砂，在渗流情况下，容易流动，形成流沙。黏粒成分多的土，其强度构成以黏聚力为主，其强度随密实情况的不同变化较大，并随湿度增大而降低。粉土类毛细现象强烈，其强度随湿度增大而降低。在负温度坡差作用下，水分移动并积聚，使局部土层湿度显著增大，是造成道路冻害的主要土类。

6. 植被覆盖

植被覆盖影响地面径流、水土冲刷和导热情况，直接影响地表水对路基的作用。

（二）影响路基稳定性的人为因素

1. 汽车荷载作用

汽车荷载对路基的重复作用通过路面传递到路基，当路基填土高度较低时，作用更为明显，因此路基应在一定深度范围内充分压实。汽车轮胎直接作用在路面上，繁重的交通量和超载车辆将加剧路面的磨损和疲劳开裂。

2. 路基路面的结构形式

路基的结构形式包括路基的宽度、高度、边坡形式和坡度、防护结构物的形式、排水构造物布置和类型等。选择合理的路基边坡形式和坡度，做好防护与排水设计，直接关系到路基的稳定性。路面结构层的选择对路面的整体强度和稳定性有至关重要的作用，合理的路面结构层次的安排，能最大限度地发挥各层材料的作用，取得良好的效果。

3. 路基路面施工

合格施工是保证路基路面工程质量的必要条件，要选择科学的施工工艺与方法，精心施工，严把施工质量关。例如，路基要分层填筑、充分压实；在软土地基地段，要保证路基有足够的沉降预压期，严格控制路基的工后沉降量；对材料配合比、施工铺筑工艺和质量控制措施要予以充分重视。同样的路基工程，给不同的施工承包商施工，往往质量有很大的差别，说明施工技术对路基路面的影响很大。

4. 养护管理措施，

良好的养护管理，对保证道路正常使用，延长使用年限至关重要。对路基保持经常的养护维修，发现问题及早解决，及时疏通排水设施，使路基保持良好的工作状态，满足行车要求。

5. 沿线人为设施

路基沿线存在的不同的人为设施也会对路基施加不同的影响，特别是农田水利设施建设都会对路基的稳定产生较大的影响。总之，路基路面的稳定性与自然因素和人为因素紧密相关，在实际中，应注重现场调查研究，要因地制宜，因势利导，精心设计，精心施工，严格管理，以保证路基和路面有足够的强度和稳定性。

第二节　路基土的分类以及工程特性

一、路基土的分类

（一）一般规定

土的工程分类（简称"分类"）适用于公路工程用土的鉴别、定名和描述，以便对土的性状做定性评价。对于我国公路，应以土的下列特征为参照，并参照最新版公路土工试验规程所示试验方法作为土分类的依据：

（1）土颗粒组成特征，参照《公路土工试验规程》（JTG 3430—2020）中所示筛分法确定各粒组含量。

（2）土的塑性指标：液限、塑限、塑性指数，参照《公路土工试验规程》中所示液限和塑限联合测定法确定液限和塑限。

（3）土中有机质存在情况，参照《公路土工试验规程》（JTG 3430—2020）中判别有机质存在情况。

我国依据不同粒组范围将路基土分为巨粒土、粗粒土、细粒土和特殊土四类，四类不同粒组的土可进一步细分为12种土。土类名称可由一个基本代号表示。当由两个基本代号构成时，第一个代号表示土的主成分，第二个代号表示副成分（土的液限或土的级配）。当由三个基本代号构成时，第一个代号表示土的主成分，第二个代号表示液限的高低（或级配的好坏），第三个代号表示土中所含次要成分。

（二）巨粒土

分类原则如下：

（1）巨粒组质量多于总质量75%的土称为漂（卵）石。

（2）巨粒组质量为总质量50%～75%（含75%）的土，称为漂（卵）石夹土。

（3）巨粒组质量为总质量15%～50%（含50%）的土，称为漂（卵）石质土。

（4）巨粒组质量少于或等于总质量15%的土，可扣除巨粒，按粗粒土或细粒土的相应规定分类定名。

（三）粗粒土

巨粒组土粒质量少于或等于总质量15%，且巨粒组土粒与粗粒组土粒质量之和多于总质量50%的土称为粗粒土。粗粒土中砾粒组质量多于砂粒组质量的土称为砾类土，砾类土应根据其中细粒含量和类别以及粗粒组的级配进行分类。粗粒土中砾粒组质量少于或等于砂粒组质量的土称为砂类土，砂类土应根据其中细粒含量和类别以及粗粒组的级配进行分类。

（四）细粒土

细粒组土粒质量多于或等于总质量50%的土称为细粒土。细粒土应按下列规定划分：

（1）细粒土中粗粒组质量少于或等于总质量25%的土，称为粉质土或黏质土。

（2）细粒土中粗粒组质量为总质量25%～50%（含50%）的土，称为

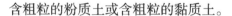

含粗粒的粉质土或含粗粒的黏质土。

（3）试样中有机质含量多于或等于总质量的5%，且少于总质量的10%的土称为有机质土。试样中有机质含量多于或等于10%的土，称为有机土。

（五）特殊土

特殊土包括黄土、膨胀土、红黏土、盐渍土和冻土。

（1）黄土：低液限黏土。

（2）膨胀土：高液限黏土。

（3）红黏土：高液限粉土。根据冻土冻结状态持续时间的长短，我国冻土可分为多年冻土、隔年冻土和季节冻土三种类型。

（六）路基土的简易鉴别、分类和描述

（1）简易鉴别土的简易鉴别方法是指用目测法代替筛分法确定土粒组成及其特征的方法；用干强度、手捻、搓条、韧性和摇振反应等定性方法代替用液限仪测定细粒土塑性的方法。确定土粒组含量时，可将风干试样摊成一薄层，凭目测估计土中巨、粗、细粒组所占的比例。再按上述有关规定确定其为巨粒土、粗粒土还是细粒土。

①干强度试验：将一小块土捏成土团，风干后用手指捏碎、掰断及捻碎，根据用力大小区分为：很难或用力才能捏碎或掰断者为干强度高；稍用力即可捏碎或掰断者为干强度中等；易于捏碎和捻成粉末者为干强度低。

②手捻试验：将稍湿或硬塑的小土块在手中揉捏，然后用拇指和食指将土捻成片状，根据手感和土片光滑度可分为：手感滑腻，无砂，捻面光滑者为塑性高；稍有滑腻感，有砂粒，捻面稍有光泽者为塑性中等；稍有黏性，砂感强，捻面粗糙者为塑性低。

③搓条试验：将含水率略大于塑限的湿土块在手中揉捏均匀，再在手掌上搓成土条，根据土条不断裂而能达到的最小直径可区分为：能搓成小于1mm土条者为塑性高；能搓成1~3mm土条而不断者为塑性中等；能搓成直径大于3mm的土条即断裂者为塑性低。

④韧性试验：将含水率略大于塑限的土块在手中揉捏均匀，然后在手

掌中搓成直径为3mm的土条，再揉成土团，根据再次搓条的可能性可区分为：能揉成土团，再成条，捏而不碎者为韧性高；可再成团，捏而不易碎者为韧性中等。勉强或不能揉成团，稍捏或不捏即碎者为韧性低。

⑤摇振反应试验：将软塑至流动的小土块，捏成土球，放在手掌上反复摇晃，并以另一手掌击此手掌，土中自由水渗出，球面呈现光泽；用两手指捏土球，放松后水又被吸入，光泽消失。根据上述渗水和吸水反应快慢可区分为：立即渗水和吸水者为反应快；渗水和吸水中等者为反应中等；渗水吸水慢及不渗不吸者为无反应。

（2）分类巨粒土和粗粒土可根据目测结果，按有关规定进行分类定名。细粒土可综合考虑干强度试验、手捻试验、搓条试验、韧性试验及摇振反应试验的结果，进行分类定名。

（3）现场采样和试验开启试样时，应按下列内容描述土的状态。

①巨粒土和粗粒土：通俗名称及当地名称；土粒最大粒径；漂石粒、卵石粒、砾粒、砂粒组的含量；土颗粒形状（圆、次圆、棱角或次棱角）；土颗粒的矿物成分；土的颜色和有机质；细粒土（黏土或粉土）；土的代号和名称。

②细粒土：通俗名称及当地名称；土粒最大粒径；漂石粒、卵石粒、砾粒、砂粒组的含量；潮湿时土的颜色及有机质；土的湿度（干、湿、很湿或饱和）；土的状态（流动、软塑、可塑或硬塑）；土的塑性（高、中或低）；土的代号和名称。

根据土的不同用途分别描述下列名称：当用作填料时，不同土类的分布层次及范围。当用作地基时，土的分布层次及范围、结构性和密度。土基承受着车轮荷载的多次重复作用。每一次荷载作用之后，回弹变形即时消失，而塑性变形则不能消失，残留在土基之中。随着作用次数的增加，产生塑性变形的积累，总变形量逐渐增大。最终会导致两种不同的情况，一种情况是土体逐渐压密，土体颗粒之间进一步靠拢，每一次加载产生的塑性变形量愈来愈小，直至稳定，这种情况不致形成土基的整体性剪切破坏；另一种情况是荷载的重复作用造成了土体的破坏，每一次加载作用在土体中产生了逐步发展的剪切变形，形成能引起土体整体破坏的剪裂面，最后达到破坏阶段。土基在重复荷载作用下产生的塑性变形积累，最终将导致何种状况，主要取决于：土的性质（类型）和状态（含水量、密实度、结构状态）。重复荷载的大小以重复荷载同一次静载下达到的极限强度之比来表示，即相对荷载。荷载作用的性质，即重复荷载的施加速度、每次作用的持续时间以及重复作用的频率。

二、路基土的工程性质

各类土具有不同的工程性质，在选择路基填筑材料以及修筑稳定土路面结构层时，应根据不同的土类分别采取不同的工程技术措施。

（1）巨粒土包括漂石（块石）和卵石（块石），有很高的强度和稳定性，是填筑路基良好的材料，也可用于砌筑边坡。

（2）级配良好的砾石混合料，密实程度好，强度和稳定性均能满足要求。除了填筑路基之外，可以用于铺筑中级路面，经适当处理后可以铺筑高级路面的基层、底基层。

（3）砂土无塑性，透水性强，毛细上升高度小，具有较大的内摩擦系数，强度和水稳定性均好，但砂土黏结性小，易于松散，压实困难，但是经充分压实的砂土路基，压缩变形小，稳定性好。为了加强压实和提高稳定性，可以采用振动法压实，并可掺加少量黏土，以改善级配组成。

（4）砂性土含有一定数量的粗颗粒，又含有一定数量的细颗粒，级配适宜，强度、稳定性等都能满足要求，是理想的路基填筑材料。如细粒土质砂土，其粒径组成接近最佳级配，遇水不黏结、不膨胀，雨天不泥泞，晴天不扬尘，便于施工。

（5）粉性土含有较多的粉土颗粒，干时虽有黏性，但易于破碎，浸水时容易成为流动状态。粉性土毛细作用强烈，毛细上升高度大（可达1.5m）。在季节性冰冻地区容易造成冻胀、翻浆等病害。粉性土属于不良的公路用土，如必须用粉性土填筑路基，则应采取技术措施改良土质并加强排水、采取隔离水等措施。

（6）黏性土中细颗粒含量多，土的内摩擦系数小而黏聚力大，透水性小而吸水能力强，毛细现象显著，有较大的可塑性。黏性土干燥时较坚硬，施工时不易破碎。浸湿后能长期保持水分，不易挥发，因而承载力小。对于黏性土，如在适当含水率时加以充分压实和设置良好的排水设施，筑成的路基也能获得稳定性。

（7）重黏土工程性质与黏性土相似，但其含黏土矿物成分不同时，性质有很大差别。黏土矿物主要包括蒙脱土、伊里土、高岭土。蒙脱土主要分布在东北地区，其塑性大，吸湿后膨胀强烈，干燥时收缩大，透水性极低，压缩性大，抗剪强度低。高岭土分布在南方地区，其塑性较低，有较高的抗剪强度和透水性，吸水和膨胀量较小。重黏土不透水，黏聚力特强，塑性很大，干燥时很坚硬，施工时难以挖掘与破碎。总之，土作为路基建筑材料，砂性土最优；黏性土次之；粉性土属不良材料，最容易引起路基病害；重黏土，特别是蒙脱土也是不良的路基土。

第三节　路基水温状况及干湿类型

路基路面裸露在大气中，其稳定性在很大程度上由当地自然条件所决定。因此，应深入调查公路沿线的自然条件，从总体到局部，从大区域到具体路段的自然情况，分析研究并掌握其规律及对路基路面稳定性的影响，因地制宜地采取有效的工程措施，以确保路基路面具有足够的强度和稳定性。

一、路基水温状况

（一）路基湿度来源

路基的强度与稳定性在很大程度上与路基的湿度以及大气温度引起的路基的水温状况有密切的关系。路基在使用过程中，受到各种外界因素的影响，使湿度发生变化。路基湿度的来源可分为以下六方面：

（1）大气降水：大气降水通过路面、路肩边坡和边沟渗入路基。

（2）地面水：边沟的流水、地表径流水因排水不良，形成积水，渗入路基。

（3）地下水：路基下面一定范围内的地下水渗入路基。

（4）毛细水：路基下的地下水，通过毛细管作用，上升到路基。

（5）水蒸气凝结水：在土的空隙中流动的水蒸气，遇冷凝结成水。

（6）薄膜移动水：在土的结构中水以薄膜的形式从含水率较高处向较低处流动，或由温度较高处向冻结中心周围流动。

上述各种导致路基湿度变化的水源，其影响程度随当地自然条件和气候特点以及所采取的工程措施等变化而不同。

（二）温湿度对路基的影响

路基湿度除了水的来源之外，另一个重要因素是受当地大气温度的影响。湿度与温度变化对路基产生的共同影响称为路基的水温状况。沿路基深度出现较大的温度梯度时，水分在温差的影响下以液态或气态由热处向冷处移动，并积聚在该处，这种现象特别是在季节性冰冻地区尤为严重。

我国华北、东北和西北地区为季节性冰冻地区，这些地区的路基在冬季冻结的过程中会在负温度坡降的影响下，出现湿度积聚现象。气温下降到0℃以下，路面和路基结构内的温度也随之由上而下地逐渐降到0℃以下。在负温度区内，自由水、毛细水和弱结合水随温度降低而相继冻结，于是土粒周围的水膜减薄，剩余了许多自由表面能，增加了土的吸湿能力，促使水分由高温处向上移动，以补充低温处失去的部分。由试验得知，在温度下降到-3℃以下时，土中未冻结的水分在负温差的影响下实际上已不可能向温度更低处移动，因此，负温度区的水分移动一般发生在-3～0℃等温线之间。在正温度区内，因0℃等温线附近土中自由水和毛细水的冻结，形成了与深层次土层之间的温度坡差，从而促使下面的水分向0℃等温线附近移动，而这部分上移的水分便又成了负温区水分移动的补给来源，这就造成了上层路基湿度的大量积聚。

积聚的水冻结后体积增大，使路基隆起而造成面层开裂，即冻胀现象。春暖化冻时，路面和路基结构由上而下逐渐解冻。而积聚在路基上层的水分先融解，水分难以迅速排除，造成路基上层的湿度增加，路面结构的承载能力便大大降低。若是在交通繁重的地区，经重车反复作用，路基路面结构会产生较大的变形，严重时，路基土以泥浆的形式从胀裂的路面缝隙中冒出，形成翻浆。冻胀和翻浆的出现，使路面遭受严重损坏。

当然并不是在季节性冰冻地区所有的道路都会产生冻胀与翻浆，对于渗透性较高的砂性土以及渗透性很低的黏性土，水分都不容易积聚，因此不易发生冻胀与翻浆，而相反，对于粉性土和极细砂，则由于毛细水活动力强，极易发生冻胀与翻浆。周边的水文条件和气候条件也是重要原因。地面排水不良，地下水位高，路基湿度大，水源充足。冬季温和与寒冬反复交替，路基冻结缓慢，这些都是产生冻胀与翻浆重要的自然条件。

二、路基土的基质吸力与饱和度

采用平均稠度指标作为路基湿度评价指标，虽然综合了土的塑性特性，包含了液限与塑限，也能反映土的软硬程度，但是对于塑性指数为零或接近于零的土组，土的平均稠度不能全面反映路基土的工作状态。

如果吸湿过程或干燥过程中土样体积没有变化或者变化较小，则采用其中任何一个变量表征土体湿度状况已经足够。但是大多数情况下，土体体积随着湿度变化而变化，这样即使重力含水率不变，体积含水率和饱和度也都会变化，因而表征湿度时，需要考虑包括土体孔隙率和重力含水率两个因素，而饱和度和体积含水率均包含了含水率和密度两个参数，故可以选择饱和度和体积含水率中的一个表征土体湿度状况。

基质吸力主要受地下水、土组类型、气候等因素影响。表征气候因素的影响参数有降雨量、蒸发量、降雨天数、相对湿度、年均温度、日照时间及湿度指标TMI等。湿度指标值包括各月降雨量及降雨天数、蒸发量、温度、典型土组参数、纬度等因素，而且包含地理位性因素，从而能量化一个地区干旱或者潮湿的程度。

三、路基湿度状况和平衡湿度预估

（一）路基湿度状况

路基平衡湿度是指公路建成通车后，路基在地下水、降雨、蒸发、冻结和融化等因素作用下，湿度达到相对稳定的平衡状态，此时的湿度称为路基平衡湿度。道路在建成通车后，往往其所处的环境在不断地变化。当受地下水位升降、降雨等因素的影响时，路基内产生新的水分迁移和湿度的重分布，所以路基湿度是一个变化的值，而在设计一条道路时，某些指标的取值是固定湿度下的定值，不是很合理。所以设计规范采用平衡湿度下的值作为设计值比较合理。

路基平衡湿度（用饱和度表示）状况可依据路基的湿度状况分为潮湿、中湿、干燥三类。路基设计时依据路基工作区深度、路床顶面至地下水位的相对高度、地下水位高度、毛细水上升高度及路基填土高度的关系确定湿度状况类型。潮湿类路基的湿度由地下水控制，即地下水或地表长期积水的水位高，路基工作区均处于地下水毛细润湿影响范围内，路基平衡湿度由地下水或地表长期积水的水位升降所控制。干燥类路基的湿度由气候因素控制，即地下水位很低，路基工作区处于地下水毛细润湿面之上，路基平衡湿度完全由气候因素所控制。中湿类路基的湿度兼受地下水和气候因素影响，即地下水位较高，路基工作区被地下水毛细润湿面分为上、下两部分，下部受毛细水润湿的影响，上部则受气候因素影响。

潮湿类路基的平衡湿度可根据路基土组类别及地下水位高度，确定距地下水位不同高度处的饱和度。

中湿类路基的平衡湿度，先按路基工作区上部和下部分别确定其平衡湿度，再以厚度加权平均计算路基的平衡湿度。地下水毛细润湿面以上的路基工作区称为路基工作区上部，按路基土组类别和TMI值确定其平衡湿度；地下水毛细润湿面以下的路基工作区称为路基工作区下部，按路基土组类别和距地下水位的距离确定毛细润湿面最上部及毛细润湿面最下部各自平衡湿度的平均值，作为路基工作区下部的平衡湿度。

（二）路基填土高度要求

路堤高度应满足下列要求：满足公路等级所对应的路基设计洪水频率及其设计洪水位；不含路面厚度的路基高度不宜小于中湿状态路基临界高度；不含路面厚度的路基高度不宜小于路基工作区深度；季节性冰冻地区，不含路面厚度的路基高度不宜小于道路冻结深度。

第四节 路基结构回弹模量

路基动态回弹模量表征路基在受力时的应力—应变关系，是路基的刚度指标，同时也是路基路面设计中的重要参数。合理的路基刚度设计参数取值对于确保路基路面的耐久性至关重要。

一、路基土动态回弹模量

路面结构在车辆重复荷载作用下所产生的变形可分为两部分：一部分为可恢复的回弹变形；另一部分为不可恢复的塑性变形。路基土回弹模量是荷载应力与回弹应变的比值，而路基土动态回弹模量是施加于试件的重复应力峰值与试件相应方向回弹应变峰值之比。由于重复应力峰值与回弹应变峰值并不同步，因此动态回弹模量是个近似意义上的概念。

通常采用标准试验确定路基土动态回弹模量。试验时，现场取土应采用薄壁试管取样。对于最大粒径大于19mm的路基土与粒料，应筛除大于26.5mm的颗粒，采用振动或冲击压实成型，试件尺寸应符合直径150mm ± 2mm、高300mm ± 2mm的要求。对于最大粒径不超过9.5mm，且0.075mm筛通过百分率小于10%的路基土，应采用振动压实成型；最大粒径不超过9.5mm，且0.075mm筛通过百分率不小于10%的路基土，应采用冲击或静压压实成型，试件尺寸都应符合直径100mm ± 2mm、高200mm ± 2mm的要求。室内压实成型试件含水率应符合目标含水率值 ± 0.5%，压实密度应符合目标压实密度值 ± 1.0%，并在试件上套装橡皮膜，确保密封不透气。

首先，对试件施加30.0kPa预载围压，并对试件施加至少100次、最大轴向应力为66.0kPa的半正矢脉冲荷载，要求试件总的垂直永久应变小于5%。然后，调整围压和半正矢脉冲荷载至目标设定值，以10Hz的频率重复加载100次。试验采集最后5个波形的荷载及变形曲线，记录并计算试验施加荷载、试件轴向可恢复变形、动态回弹模量。加载过程中，若试件总的垂直永久应变超过5%，应停止试验并记录结果。

二、路基结构动态回弹模量的现场测试

由于路基土在受力时呈现出非线性的应力—应变关系，在不同的应力、湿度等状态下，表现出不同回弹模量值，因此路基内存在一个非均匀分布的回弹模量场。但在进行路基路面结构设计时，需要反映路基结构总体刚度的参数，即路基结构回弹模量。考虑到行车荷载对路基的动态作用，《公路路基设计规范》（JTG D30-2015）规定采用路基结构动态回弹模量作为路基的设计参数。

（一）路基结构静态回弹模量测试方法

路基结构静态回弹模量测试常采用圆形承载板加载卸载法，承载板可分为柔性与刚性两种。用柔性承载板测定路基结构模量时，路基与承载板之间的接触压力为常量。在实际测定中，刚性承载板用得较多，因为它的挠度较易测量，压力较易控制。

承载板直径通常采用标准车辆轮印当量圆直径。测定时每一级荷载经过加载和卸载后，稳定1min，测得回弹弯沉之后，再加下一级荷载，如此施加n级荷载后，即可点绘出荷载—回弹弯沉曲线。在多数情况下，试验曲线呈非线性。在确定模量时，可以根据路基实际受的压力范围或可能产生的弯沉范围在曲线上取值。

处理数据时，以单位压力为横坐标（向右），回弹变形为纵坐标（向下），绘制两者的关系曲线。如果曲线开始段出现上凹现象，需要进行修正。修正时，一般情况下将第一点和第二点连成直线，并延长此直线与纵轴相交，此交点即为新原点。同时，由于汽车后轴对路基回弹变形有影响，需要计算各级荷载作用下的影响量。原点修正后的各级荷载下的回弹变形加上相应的影响量，就是该级荷载下的实际回弹弯沉。

（二）路基结构动态回弹模量测试方法

路基结构动态回弹模量主要采用落锤式弯沉仪（FWD）和便携式落锤弯沉仪（PFWD）进行测量，根据测量得到的应力—应变关系，反算得到路基结构模量，因反算过程较为复杂，且多需要数值计算配合完成。

落锤式弯沉仪是国内外公路领域检验路基路面刚度的主要设备，主要由弯沉车、落锤系统、传感系统、控制系统和数据处理系统组成。FWD通过液压机启动落锤装置，将落锤提升到与所加荷载相对应的高度，并让落锤自由落下形成脉冲荷载，作用在垫于下面的承载板上，并通过承载板传递到路面，路表随即会产生瞬时变形，通过离荷载中心点不同距离的多个（一般5—9个）精度较高的传感器检测测点形变，可精确实测荷载作用下的动态弯沉及弯沉盆。

由于FWD造价高，不易携带，便衍生出了便携式落锤弯沉仪PFWD（此处P表示Portable），其测试原理同FWD类似。PFWD主要由加载系统、数据采集系统和数据传输系统组成。加载系统由落锤、滑杆、橡胶垫块等组成；数据采集系统由荷载传感器、位移传感器和数据采集装置等组成；数据传输系统由计算机、有线和无线数据传输装置及数据处理系统组成。荷载时程曲线由压力传感器记录，中心位移传感器和径向传感器记录路基表面的竖向位移，由计算机存储和处理数据，从而得到动态弯沉盆数据。

第五节　路基横断面施工设计

路基横断面设计包括路基宽度、高度和边坡坡度的确定。

一、路基宽度

高速公路、一级公路的路基标准横断面分为整体式和分离式两类。整体式路基的标准横断面应由车道、中间带（中央分隔带、左侧路缘带）、路肩（右侧硬路肩、土路肩）等部分组成。分离式路基的标准横断面应由车道、路肩（右侧硬路肩、左侧硬路肩、土路肩）等部分组成。对高速公路和一级公路而言，整体式路基和分离式路基均是常规的、一般性的断面形式，应根据项目建设条件、用地等因素，因地制宜选用。对于双向十车道及以上车道数的高速公路，宜采用内、外幅分离的路基横断面形式。对于二级公路、三级公路、四级公路，由于其主要采用双车道，并且部分路段允许借用对向车道进行超车，因此二级公路、三级公路、四级公路的路

基横断面形式原则应采用整体式断面。

公路路基宽度为车道宽度与路肩宽度之和。当设有中间带、加（减）速车道、爬坡车道、紧急停车带、错车道、超车道、侧分隔带、非机动车道（或慢车道）和人行道等时，应包括上述部分的宽度。非机动车、行车密集公路和城市出入口的公路，可根据需要设置侧分隔带、非机动车道和人行道；一级公路在慢行车辆较多时，可利用右侧硬路肩（宽度不足时应加宽）设置慢车道，并应在车道与慢车道之间设置隔离设施；二级公路在慢行车辆较多时，可根据需要采用加宽硬路肩的方式设置慢车道，并应增加必要的交通安全设施，加强交通组织管理。各级公路路基宽度按《公路路线设计规范》（JTG D20-2017）的规定进行设计。

公路路基横断面中各组成部分宽度应根据公路技术等级、交通量与交通组成、横断面各部分的功能综合确定。高速公路和一级公路各路段车道数应根据设计交通量、设计通行能力确定，且不应小于四车道，当需要增加时，基本路段的车道数应按双数两侧对称增加。车道宽度视设计速度而定：设计速度为120km/h、100km/h、80km/h时采用3.75m；设计速度为60km/h、40km/h时采用3.50m；设计速度为30km/h、20km/h并且为双车道时分别采用3.25m、3.00m，若为单车道则均采用3.50m。对于技术等级高的公路及城镇近郊的一般公路，路肩宽度尽可能增大，一般取1.50～3.00m，并铺筑硬质路肩，以保证路面行车不受干扰。

此外，路基是否占用土地也是公路通过农田或用地受限地区确定路基宽度时需重点考虑的问题。公路用地应遵循保护、开发土地资源，合理利用土地，切实保护耕地，促进社会经济可持续发展的原则，合理拟订公路建设规模、技术指标、设计施工方案，确定公路用地范围。高速公路局部路段可选用高架道路，以桥代路。山坡路基应尽量使填挖平衡，扩大和改善林业用地，保护林区绿地，防止水土流失，维护生态平衡，减少高填深挖，利用植物防护，绿化与美化路基。

二、路基高度

路基高度指的是路堤的填筑高度和路堑的开挖深度，是路基设计高程与原地面高程之差。由于原地面沿横断面方向往往有倾斜，因此在路基宽度范围内，两侧的高差一般有差别。路基中心高度是指路基中心线处设计高程与原地面高程之差，而路基两侧边坡的高度是指填方坡脚或挖方坡顶与路基边缘的相对高差，所以路基高度有中心高度与边坡高度之分。

我国《公路路线设计规范》（JTG D20—2017）中规定：新建公路的路基设计高程分以下四种情况，高速公路和一级公路宜采用中央分隔带的外侧边缘高程；二级公路、三级公路、四级公路宜采用路基边缘高程；设置超高、加宽路段宜采用设超高、加宽前该处边缘高程；改建公路的路基设计高程，宜按新建公路的规定执行，也可视具体情况而采用中央分隔带中线或行车道中线高程。

对路基设计高程定义上的差异会造成路基高度理解上的歧义，综合而言：

（1）对于设置超高、加宽的路基断面，其路基高度不应考虑这些因素的影响，以设置超高、加宽前的断面为准。

（2）在剔除路拱横坡影响后，如果原地面在横断面上水平，则路基的中心高度与两侧的边坡高度相等。

（3）在原地面单向倾斜较大、需开挖台阶的情况下，路基中心高度与两侧的边坡高度各不相同，此时应明确说明路基高度是中心高度还是某一侧的边坡高度。

路基的填挖高度，是在路线纵断面设计时，综合考虑路线纵坡要求、路基稳定性和工程经济等因素确定的。从路基的强度和稳定性要求出发，路基上部土层应避免毛细水过大的影响，处于相对干燥的状态。而填方路基填料的土质不同时，受各因素的影响程度不同。因此，应根据设计洪水位、中湿状态路基临界高度、路基工作区深度、路基冻结深度等因素，综合确定路堤的最小填土高度，并与路线纵坡设计相协调，保证填方路段的路基高度主体上大于最小填土高度。路堤填土的高低和路堑挖方的深浅按《公路路基设计规范》（JTG D30—2015）的规定，使用常规的边坡高度值。高路堤和深路堑的土石方数最大，占地多，施工困难，边坡稳定性差，行车不利，应尽量避免，不得已采用时，应进行特殊设计。

为保证路基稳定，应尽量满足路基最小填土高度的要求，若路基高度低于按地下水位及毛细水上升高度计算的最小填土高度，可视为广义上的低路堤。低路堤通常整体处于行车荷载应力作用区范围内，同时经受着地面和地下水不利水温状况影响。有时为了增强路基路面的综合强度与稳定性，需要综合考虑加强路面结构或增设地下排水设施。

沿河及可能受水浸淹的路基，其高度应根据技术标准所规定的设计洪水频率，求得设计水位，再增加壅水高、波浪侵袭高和0.5m的安全高度。沿水库上游岸边的路段，按设计高程推算的路基最低侧边缘高程应考虑水库水位升高后地下水位壅升，以及水库淤积后壅水曲线抬高及浪高的影响，寒冷地区还应考虑冰塞壅水对水位增高的影响。所以沿河浸水路堤的高度，应高出上述各值之和，以保证不致淹没路基，并据此进行路基的防护与加固。对于城市周边地区的路基洪水频率，在确定时应结合城市防洪标准，并考虑城市救灾通道功能，以及城市排洪、泄洪等需求综合论证确定。

三、路基边坡坡度

路基边坡坡度对路基稳定十分重要，确定路基边坡坡度是路基设计的重要任务。公路路基的边坡坡度用边坡高度与边坡宽度的比值表示。路基边坡坡度的大小，取决于边坡的土质、地质构造（路堑）及水文条件等自然因素和边坡高度。在陡坡或填挖较大的路段，边坡坡度不仅影响到土石方工程量和施工的难易，而且是路基整体稳定性的关键。因此，确定边坡坡度对路基稳定性的影响和工程的经济合理性至关重要。一般路基的边坡坡度可根据多年工程实践经验和设计规范推荐的数值确定。

（一）路堤边坡

路堤边坡形式和坡度应根据填料的物理力学性质、边坡高度和工程地质条件确定。

（二）路堑边坡

设计路堑边坡时，首先应从地貌和地质构造上判断其整体稳定性。在遇到工程地质或水文地质条件不良的地层时，应尽量使路线避绕；而对于稳定的地层，则应考虑开挖后，是否会由于支撑减少、坡面风化加剧而引起失稳。

影响路堑边坡稳定的因素较为复杂，除了路堑深度和坡体土石的性质之外，地质构造特征、岩石的风化和破碎程度、土层的成因类型、地面水和地下水的影响、坡面的朝向以及当地的气候条件等都会影响路堑边坡的稳定性，在边坡设计时必须综合考虑。土质路堑边坡形式及坡度应根据工程地质与水文地质条件、边坡高度、排水防护措施、施工方法等，并结合自然稳定边坡、人工边坡的调查及力学分析综合确定。边坡高度不大于20m时，边坡坡度不宜陡于规定值。岩质路堑边坡形式及坡度应根据工程地质与水文地质条件、边坡高度、排水防护措施、施工方法等，结合自然稳定边坡和人工边坡的调查综合确定，必要时可采用稳定性分析方法予以验算。

由于地表岩层和自然条件以及路基构造要求与形式变化极大，岩石路堑适宜的边坡坡度难以确定，运用时应结合当地的工程地质和水文条件，参考各地现有自然稳定的山坡和人工成型稳定的山坡，加以对比选用。必要时应进行个别设计和稳定性验算，还必须采用排水、护坡与加固等技术措施。

第六节　路基附属设施

一、取土坑与弃土堆

路基土石方的挖填平衡是公路路线设计的基本原则，但往往难以做到完全平衡。土石方数量经过合理调配后，仍然会有部分借方和弃方（又称废方），路基土石方的借弃，首先要合理选择地点，即确定取土坑或弃土堆的位置。选点时要兼顾土质、数量、用地及运输条件等因素，还必须结合沿线区域规划，因地制宜，综合考虑，维护自然平衡，防止水土流失，做到借之有利、弃之无害。借弃所形成的坑或堆，要求尽量结合当地地形，充分加以利用，并注意外形规整，弃堆稳固。对高等级公路或位于城郊附近的干线公路，尤应注意。

平坦地区，如果用土量较少，可以沿路两侧设置取土坑，与路基排水和农田灌溉相结合。路旁取土坑，深度约1.0m或稍大一些，宽度依用土数量和用地允许而定。为防止坑内积水危害路基，当堤顶与坑底高差不足2.0m时，在路基坡脚与坑之间需设宽度不小于1.0m的护坡平台，坑底设纵横排水坡及相应设施。河水淹没地段的桥头引道近旁，一般不设取土坑，如设取土坑要距河流水位边界10m以外，并与导治结构物位置相适应。此类取土坑要求水流畅通，不得长期积水危及路基或构造物的稳定。

路基开挖的废方，应尽量加以利用，如用以加宽路基或加固路堤，填补坑洞或路旁洼地，亦可兼顾农田水利或基建等所需，做到变废为用，弃而不乱。废方一般选择路旁低洼地，就近堆弃。原地面倾斜坡度小于1：5时，路旁两侧均可设弃土堆，地面较陡时，宜设在路基下方。沿河路基爆破后的废石方，往往难以远运，条件许可时可以部分占用河道，但要注意河道压缩后，不致壅水危及上游路基及附近农田等。

二、护坡道与碎落台

护坡道是保护路基边坡稳定性的措施之一，设置的目的是加宽边坡横向距离，减小边坡平均坡度。护坡道愈宽，愈有利于边坡稳定，但最小为1.0m。宽度大，则工程数量亦随之增加，要兼顾边坡稳定性与经济合理性。通常护坡道宽度d，视边坡高度h而定：3.0m$<$h$\leq$6m时，2.0m$<$d$\leq$4.0m。

护坡道一般设在路基坡脚处，边坡较高时亦可设在边坡上方及挖方边坡的变坡处。浸水路基的护坡道，可设在浸水线以上的边坡上。碎落台设于土质或石质土的挖方边坡坡脚处，主要供零星土石碎块下落时临时堆积，以保护边沟不致阻塞，亦有护坡道和视距台（弯道）的作用。碎落台宽度一般为1.0～1.5m，若兼有护坡作用，可适当放宽。碎落台上的堆积物应定期清理。

三、堆料坪与错车道

路面养护用矿质材料，可就近选择路旁合适地点堆置备用，亦可在路肩外缘设堆料坪。堆料坪的面积可结合地形与材料数量而定，例如，每隔50～100m设一个堆料坪，长为5～8m，宽为2m。高级路面或采用机械化养路的路段，可以不设，或另设集中备用料场，以维护公路外形的视觉平顺和景观优美。

单车道公路，由于双向行车会车和相互避让的需要，通常应每隔200~500m设置错车道一处。按规定错车道的长度不得小于30m，两端各有长度为10m的出入过渡段，中间10m供停车用。单车道的路基宽度为4.5m，而错车道地段的路基宽度为6.5m。错车道是单车道路基的一个组成部分，应与路基同时设计与施工。

第四章　路基路面排水施工布置与设计

第一节　路基排水设备的构造与布置

一、概述

（一）排水的目的与意义

路基路面的强度与稳定性和水的关系十分密切。路基路面的病害有多种，形成病害的因素亦很多，但水的作用是主要因素之一，因此路基路面设计、施工和养护中，必须十分重视路基路面排水工程。

根据水源的不同，影响路基路面的水流可分为地面水和地下水两大类：与此相对应的路基排水工程，则分为地面排水和地下排水。地面水包括大气降水（雨和雪）以及海、河、湖、水渠及水库水。地面水对路基产生冲刷和渗透，冲刷可能导致路基整体稳定性受损害，形成水毁现象。渗入路基土体的水，会使土体过湿而降低路基强度。地下水包括上层滞水、潜水及层间水等，它们对路基的危害程度因条件不同而异。轻者能使路基湿软，降低路基强度；重者会引起冻胀、翻浆或边坡滑坍，甚至整个路基沿倾斜基底滑动。水还可能造成掺有膨胀土的路基工程的毁灭性破坏。水对路面的危害可以表现为：降低路面材料的强度，在水泥混凝土路面的接缝和路肩处造成唧泥；对于沥青路面，水使沥青从石料表面剥落造成各种病害；移动荷载作用下引起的唧泥和高压水冲刷，造成路面基层承载能力下降；在冻胀地区，融冻季节水会引起路面承载能力的普遍下降。

路基排水的任务，就是将路基范围内的土基湿度降低到一定的限度以内，保持路基常年处于干燥状态，确保路基及路面具有足够的强度与稳定性。路基设计时，必须考虑将影响路基稳定性的地面水，排除和拦截于路基用地范围以外，并防止地面水漫流、滞积或下渗。对于影响路基稳定性的地下水，则应予以隔断、疏干和降低，并引导至路基范围以外的适当地点。

路基施工中，首先应校核全线路基排水系统的设计是否完备和妥善，必要时应予以补充或修改，应重视排水工程的质量和使用效果。其次，应根据实际情况与需要，设置施工现场的临时性排水措施，以保证路基土石方及附属结构物在正常条件下进行施工作业，消除路基基底和土体内与水有关的隐患，保证路基工程质量，提高施工效率。

路基养护中，应定期对排水设施检查与维修，以保证排水设施正常使用，水流畅通，并根据实际情况不断改善路基排水条件。路界地表排水的目的是把降落在路界范围内的表面水有效地汇集并迅速排除出路界，同时把路界外可能流入的地表水拦截在路界范围外，以减少地表水对路基和路面的危害以及对行车安全的不利。通常地表排水可以划分为路面表面排水、中央分隔带排水和坡面排水三部分。中央分隔带排水，视其宽度和表面横向坡度倾向不同，可以包括中央分隔带和左侧路缘带，或者仅为中央分隔带，而在设超高路段，它还包括上侧半幅路面的表面水；坡面排水包括路堤坡面、路堑坡面和倾向路界的自然坡面的排水。

路面工程的实践证明了路面内部排水的重要性。新建的刚性路面需设置各种接缝，而沥青路面在使用期间又会出现各种裂缝、松散及坑槽等病害。降落在路面表面的水会通过路面接缝或裂缝及松散等病害处，以及沥青路面面层空隙下渗入路面结构内部。此外，公路两侧有滞水时，滞水也可能从侧向渗入路面结构内部。路面内部排水系统的设计通常需满足三个方面的要求：一是各项设施应具有足够的泄水能力，排除渗入路面结构内的自由水；二是自由水在路面结构内的渗流时间和渗流路径都不能太长；三是排水设施要有较好的耐久性。

（二）路基路面排水设计的一般原则

（1）排水设施要因地制宜、全面规划、合理布局、综合治理、讲究实效、注意经济，并应充分利用有利地形和自然水系。一般情况下，地面和地下设置的排水沟渠，宜短不宜长，以使水流不过于集中，应做到及时疏散、就近分流。

（2）各种路基排水沟渠的设置，应注意与农田水利相配合，必要时可适当地增设涵管或加大涵管孔径，以防农业用水影响路基稳定。路基边沟一般不应用作农田灌溉渠道，两者必须合并使用时，边沟的断面应加大，并予以加固，以防水流危害路基。

（3）设计前必须进行调查研究，查明水源与地质条件，重点路段要进行排水系统的全面规划：考虑路基排水与桥涵布置相配合，地下排水与地面排水相配合，各种排水沟渠的平面布置与竖向布置相配合，做到路基路面排水综合设计和分期修建。对于排水困难和地质不良的路段，还应与路基防护加固相配合，并进行特殊设计。

（4）路基排水要注意防止附近山坡的水土流失，尽量不破坏天然水系，不轻易合并自然沟渠和改变水流性质，尽量选择有利地质条件布设人工沟渠，减少排水沟渠的防护与加固工程。对于重点路段的主要排水设施，以及土质松软和纵坡较陡地段的排水沟渠，应注意必要的防护与加固。

（5）路基排水要结合当地水文条件和公路等级等具体情况，注意就地取材，以防为主，既要稳固适用，又必须讲究经济效益。

（6）为了减少水对路面的破坏作用，应提高路面结构的抗水害能力，尽量阻止水进入路面结构，采取良好的排水措施，迅速排除路面结构内的积水。

二、地面排水设备

常用的路基地面排水设备，包括边沟、截水沟、排水沟、跌水与急流槽等，必要时还有渡槽、倒虹吸及积水池等，这些排水设备应分别设在路基的不同部位，各自的排水功能、布置要求和构造形式，均有所差异。路基地表排水设施的径流量计算，对高速公路、一级公路应采用15年，其他等级公路应采用10年的重现期内任意30min的最大降雨强度。各类地表水沟沟顶应高出设计水位0.2m以上。

（一）边沟

设置在挖方路基的路肩外侧或低路堤的坡脚外侧，多与路中线平行，用以汇集和排除路基范围内和流向路基的少量地面水。平坦地面填方路段的路旁取土坑，常与路基排水设计综合考虑，使之起到边沟的排水作用。

边沟的排水量不大，一般不需要进行水文和水力计算，依据沿线具体条件，选用标准横断面形式。边沟紧靠路基，通常不允许其他排水沟渠的水流引入，亦不能与其他人工沟渠合并使用。边沟不宜过长，尽量使沟内水流就近排至路旁自然水沟或低洼地带，必要时设置涵洞，将边沟水横穿路基从另一侧排出。边沟的纵坡（出水口附近除外）一般与路线纵坡一致。边沟出水口的间距，应结合地形、地质条件及桥涵和天然沟渠位置，经水力计算确定。梯形、矩形边沟不宜超过500m，多雨地区不宜超过300m，三角形和碟形边沟不宜超过200m。平坡路段，边沟宜保持不小于0.3%的纵坡，特殊情况容许采用0.1%，但边沟出口间距宜减短。边沟出口附近以及排水困难的路段，如回头曲线和路基超高较大的平曲线等处，其边沟应进行特殊设计。

边沟的横断面形式，有梯形、矩形、三角形及流线形等。边沟横断面一般采用梯形，梯形边沟内侧边坡为1:1.0~1:1.5，外侧边坡坡度与挖方边坡坡度相同。石方路段的边沟宜采用矩形横断面，其内侧边坡直立，坡面应采用浆砌片石防护，外侧边坡坡度与挖方边坡坡度相同。少雨浅挖地段的土质边沟可采用三角形横断面，其内侧边坡宜采用1:2~1:3，外侧边坡坡度与挖方边坡坡度相同。三角形边坡的水流条件较差，流量较大时沟深宜适当加大。

梯形边沟的底宽与深度为0.4~0.6m，水流少的地区或路段，取低限或更低，但不宜小于0.3m；降水量集中或地势偏低的路段，取高限或更高一些。流线型边沟，是将路堤横断面的边角整修圆滑，可以防止路基旁侧积沙或堆雪，适用于沙漠或积雪地区的路基。边沟可采用浆砌片石、浆砌卵石和水泥混凝土预制块防护。砌筑用的砂浆强度，对于高速公路、一级公路采用M7.5，其他等级公路采用M5。边沟出水口附近，水流冲刷比较严重，必须慎重布置和采取相应措施。路堑与高路堤衔接处的边沟排水布置，由于边沟泄出水流流向路堤坡脚处，两者高差大，必须因地制宜，根据地形与地质等具体条件，将出水口延伸至坡脚以外，以免边沟水冲刷填方坡脚。

边沟水流流向桥涵进水口时，为避免边沟流水产生冲刷，应作适当处置。此外还应根据地形等条件，在桥涵进口前或在其他水流落差较大处，设置急流槽与跌水等结构物，以便将水流引入桥涵或其他指定地点。当边沟水流流至回头曲线处，边沟水会较满，且流速较大，此时宜顺着边沟方向沿山坡设置引水沟，将水引至路基范围以外的自然沟中，或设急流槽、涵洞等结构物，将水引下山坡或路基另一侧，以免对回头曲线路段形成冲刷。

（二）截水沟

截水沟又称天沟，一般设置在挖方路基边坡坡顶以外，或山坡路堤上方的适当地点，用以拦截并排除路基上方流向路基的地面径流，减轻边沟的水流负担，保证挖方边坡和填方坡脚不受流水冲刷。因降水量较少、坡面坚硬或边坡较低以致冲刷影响不大的路段，可以不设截水沟；反之，如果降水量较多，且暴雨频率较高，山坡覆盖层比较松软，坡面较高，水土流失比较严重的地段，必要时可设置两道或多道截水沟。

山坡填方路段可能遭到上方水流的破坏作用，此时必须设截水沟，以拦截山坡水流保护路堤。截水沟与坡脚之间要有不小于2m的间距，并做成2%的向沟倾斜横坡，确保路堤不受水害。截水沟的横断面形式，一般为梯形，沟的边坡坡度，因岩土条件而定，一般采用1：1.5～1：1.0。沟底宽度不小于0.5m，沟深按设计流量而定，亦不应小于0.5m。

截水沟的位置，应尽量与绝大多数地面水流方向垂直，以提高截水效能和缩短沟的长度。截水沟应保证水流畅通，就近引入自然沟内排出，必要时配以急流槽或涵洞等泄水结构物将水流引入指定地点。截水沟水流不应引入边沟，当必须引入时，应增大边沟横断面，并进行防护。沟底应具有0.3%以上的纵坡，沟底和沟壁要求平整密实、不滞流、不渗水，必要时予以加固和铺砌。截水沟的长度以200～500m为宜，截水沟长度超过500m时，宜在中间适当位置处增设泄水口，通过急流槽（管）分流引排，泄水口间距以200～500m为宜。

（三）排水沟

排水沟的主要用途在于引水，将路基范围内各种水源的水流（如边沟、截水沟、取土坑、边坡和路基附近的积水），引至桥涵或路基范围以外的指定地点。当路线受到多段沟渠或水道影响时，为保护路基不受水害，可以设置排水沟或改移渠道，以调节水流，整治水道。

排水沟的横断面，一般采用梯形，尺寸大小应经过水力水文计算选定。用于边沟、截水沟及取土坑出水口的排水沟，横断面尺寸根据设计流量确定，底宽与深度不宜小于0.5m，土沟的边坡坡度为1：1.5～1：1。排水沟的位置，可根据需要并结合当地地形等条件而定，离路基尽可能远些，距路基坡脚不宜小于2m，平面上应力求直捷，需要转弯时亦应尽量圆顺，做成弧形，其半径不宜小于10～20m，连续长度宜短，一般不超过500m。

排水沟水流注入其他沟渠或水道时，应使原水道不产生冲刷或淤积。通常应使排水沟与原水道两者成锐角相交，即交角不大于45°，有条件可用半径R=10b（b为沟顶宽）的圆曲线朝下游与其他水道相接。排水沟应具有合适的纵坡，以保证水流畅通，不致流速太大而产生冲刷，亦不可流速太小而形成淤积，为此宜通过水文水力计算择优选定。一般情况下，可取0.5%～1.0%，不小于0.3%，亦不宜大于3%。若纵坡大于3%，应采取相应的加固措施。

（四）跌水与急流槽

跌水与急流槽是路基地面排水沟渠的特殊形式，用于纵坡大于10%，水头高差大于1.0m的陡坡地段。由于纵坡陡、水流速度快，冲刷力大，要求跌水与急流槽的结构必须稳固耐久，通常应采用浆砌块石或水泥混凝土预制块砌筑，并具有相应的防护加固措施。跌水的构造，有单级和多级之分，沟底有等宽和变宽之别。单级跌水适用于排水沟渠连接处，由于水位落差较大，需要消能或改变水流方向。较长陡坡地段的沟渠，为减缓水流速度，并予以消能，可采用多级跌水。多级跌水底宽和每级长度，可以采用各自相等的对称形，亦可根据实地需要，做成变宽或不等长度与高度。

跌水两端的土质沟渠，应注意加固，保持水流畅通，不致产生水流冲刷或淤积，以充分发挥跌水的排水效能。急流槽的纵坡，比跌水的平均纵坡更陡，结构的坚固稳定性要求更高，是山区公路回头曲线沟通上下线路基排水及沟渠出水口的一种常见排水设施。急流槽主体部分的纵坡依地形而定，一般可达67%，如果地质条件良好，需要时还可更陡，但结构要求更严，造价亦相应提高，设计时应通过比较而定。

急流槽多为砌石（抹面）和水泥混凝土结构，亦可利用岩石坡面挖槽，如临时急需时，可就近取材，采用竹木结构。急流槽的构造，按水力计算特点，亦由进口、主槽（槽身）和出口三部分组成。急流槽的进出口与主槽连接处，因沟槽横断面不同，为了能平顺衔接，可设过渡段，出口部分设有消力池。各个部分的尺寸，依水力计算而定。对于设计流量不超过1m³/s，槽底倾斜为1:1.5~1:1的小型结构。急流槽的基础必须稳固，端部及槽身每隔2~5m，在槽底设耳墙埋入地面以下。槽身较长时，宜分段砌筑，每段长5~10m，预留伸缩缝，并用防水材料填缝。

急流槽可采用矩形断面等形式，槽深不应小于0.2m，槽底宽度不应小于0.25m。采用浆砌片石时，矩形断面槽底厚度不应小于0.2m，槽壁厚度不应小于0.3m。

（五）倒虹吸与渡水槽

当水流需要横跨路基，同时受到设计高程的限制，可以采用管道或沟槽，从路基底部或上部架空跨越，前者称倒虹吸，后者为渡水槽，分别相当于涵洞和渡水桥，两者属于路基地面排水的特殊结构物，并且多半是配合农田水利所需而采用。倒虹吸的设置往往是因路基横跨原有沟渠，且沟渠水位高于路基设计高程，不能按正常条件设置涵洞，此时采用倒虹吸是可行的方案之一。

倒虹吸是借助上下游沟渠水位差，利用势能迫使水流降落，经路基下部管道流向路基另一侧，再复升流入下游水渠。由于所设管道为有压管道，竖井式倒虹吸的水流成多次垂直改变方向，水流条件较差，结构要求较高，容易漏水和淤塞，且难以清理和修复，应尽量不用或少用，使用时需合理设计，进行水力计算，选择最佳设计方案，并要求施工保证质量，使用时要经常检查维修。

倒虹吸管道有箱形和圆形两种，以水泥混凝土和钢筋混凝土结构为主，临时性简易管道可用砖石结构，永久性或急需时亦可改用钢铁管道。管道的孔径0.5～1.5m，管道附近的路基填土厚度，一般不小于1m，以免行车荷载压力过于集中，严寒地区亦可赖以防冻。考虑到倒虹吸的泄水能力有限，以及为了施工和养护方便，管道亦不宜埋置过深，以填土高度不超过3m为宜。

倒虹吸管道两端设竖井，井底高程低于管道，起沉淀泥沙与杂物作用，亦可改用斜管式或缓坡式，以代替竖井式升降管，此时水流条件有所改善，但路基用地宽度增大，管道长度增加。为减少堵塞现象，设计时要求管道内水流的速度不小于1.5m/s，并在进口处设置沉沙池和拦泥栅。倒虹吸管进口处所设的沉沙池，位于原沟渠与管道之间的过渡段，池底和池壁采用砌石抹面或混凝土结构，厚度为0.3～0.4m（砌石），或0.25～0.3m（混凝土），池的容量以不溢水为度。水流经过沉沙池后，水中仍含有细粒泥沙或轻质漂浮物，可设网状拦泥栅予以清除，确保虹吸管道不致堵塞，但拦泥栅本身容易被堵塞，需经常清理，以保证水流畅通，避免沉沙池和沟渠溢水而危害路基。倒虹吸的出口，亦应设过渡段与下游沟渠平顺衔接，应对原有土质沟渠进行适当加固。

渡水槽相当于渡水桥，原水道与路基设计标高相差较大，如果路基两侧地形有利，或当地确有必要，可设简易桥梁，架设水槽或管道从路基上部跨越，以沟通路基两侧的水流。

渡水槽的架设应满足公路对净空与美化的要求，其构造与桥梁相似，但主要作用是沟通水流，故除应在结构上具有足够强度外，在效能上应满足排水的要求，其中包括进出口的衔接，以及防止冲刷和渗漏等。为降低工程造价，槽身过水横断面一般均较两端的沟渠横断面小，槽中水流速度相应有所提高，因此进出口段应注意防止冲刷和渗漏。进出水口处设置过渡段，根据土质情况，分别将槽身两端伸入路基两侧地面2～5m，而且进出水口过渡段宜长一些，以防淤积。如果主槽较短，可取槽身与沟渠的横断面相同，沟槽直接衔接，可不设过渡段。水流横断面不同时，过渡段的平面收缩角为10°～15°，据此可确定过渡段的有关尺寸。与槽身连接的土质沟渠，应予以防护加固，其长度至少是沟渠水深的四倍。

（六）蒸发池

气候干旱、排水困难地段，可利用沿线的集中取土坑或专门设置蒸发池排除地表水。

蒸发池与路基边沟（或排水沟）间应设排水沟连接。蒸发池边缘与路基边沟距离不应小于5m，面积较大的蒸发池不得小于20m。池中水位应低于排水沟的沟底。

蒸发池的容量应以一个月内路基汇流入池中的雨水能及时完成渗透与蒸发作为设计依据。每个蒸发池的容水量不宜超过200～300m³，蓄水深度不应大于1.5～2m。蒸发池的设置不应使附近地面形成盐渍化或沼泽化。

三、地下排水设备

路基及边坡土体中的上层滞水，或埋藏很浅的潜水称为地下水，当地下水影响路基、路面强度或边坡稳定时，应设置暗沟（管）、渗沟和检查井等地下排水设施。

常用的路基地下排水设备有盲沟、渗沟、渗水隧洞和渗井等，其特点是排水量不大，主要是以渗流方式汇集水流，并就近排出路基范围以外。对于流量较大的地下水，应设置专用地下管道予以排除。由于地下排水设备埋置在地面以下，不易维修，在路基建成后又难以查明失效情况，因此要求地下排水设备牢固有效。

（一）暗沟

1. 施工准备

熟悉设计图纸和要求，清理现场污物，剥离泉眼上层浮土和周围土石，露出泉眼，调查现场泉眼分布位置、数量、高程、涌水量等，检查原设计暗沟布置是否正确，出水口位置是否有保证，是否产生淤积、冲刷等危害。如现场情况与设计有较大出入，必须提出变更方案，并报监理或建设方批准后执行。

2. 定线

根据泉眼位置、高程以及出水口位置高程，现场放出暗沟开挖路线，

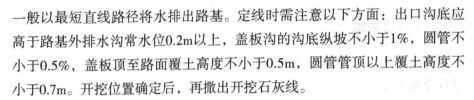

一般以最短直线路径将水排出路基。定线时需注意以下方面：出口沟底应高于路基外排水沟常水位0.2m以上，盖板沟的沟底纵坡不小于1%，圆管不小于0.5%，盖板顶至路面覆土高度不小于0.5m，圆管管顶以上覆土高度不小于0.7m。开挖位置确定后，再撒出开挖石灰线。

3. 开挖沟槽

根据施工条件、暗沟断面大小确定开挖方式和沟壁支护方法，开挖方向应从下游往上游进行，开挖过程中应将泉眼内的出水临时用胶管、竹筒等从临时排水沟引出，避免在水中开挖。有条件时，基底应挖至不透水层内，在土质地基上使用机械开挖时，基底应预留20cm左右深度，以便使用人工挖土清底、清壁，确保基底不被扰动。

4. 验槽

沟槽开挖至预定深度后，检查基底土质类型及承载力，如基底承载力不够时，应采取换土等基底加固措施加以处理。基底开挖完成后，应尽快进行基槽整修、清理等工作。

5. 排水构造物安装

（1）钢筋混凝土圆管管道的安装工序为：平基→管子就位→稳管→管座→抹带。

平基：基槽验收合格后，即可沿槽底铺碎石垫层或砂浆垫层，夯实拍平碎石层表面或进行砂浆垫层的抹面，浇筑混凝土基础。浇筑过程中，施工人员应随时检查宽度、厚度高程，均须满足要求。

管子就位：应采用吊装方式将管子吊放在预定位置，吊装可以采用挖机、汽车吊等设备，严禁采用滚动方式就位。

稳管：待混凝土基础达到一定强度时（5MPa以上）方可直接下管，管道安装就位后进行稳管，即用碎石或石块将管子卡牢、垫稳，主要管口不错位且管的对口间隙留1cm，并立即浇筑接头处混凝土管座。

管座：浇筑管座前应将混凝土基础冲洗干净，管端亦需冲洗或凿毛，立模后浇筑混凝土，注意管座两侧应同步浇筑，管道下方与混凝土基础缝隙需捣密，不留孔隙。如设计要求管接头抹带内安装钢丝网，应在浇筑管座时将裁好的钢丝网紧贴于接头缝隙处进行表面包裹，钢丝网下端埋入管座混凝土内10cm。钢丝网规格为20号10mm×10mm的方格钢丝网。

抹带：水泥砂浆抹带接口是平口管常用的刚性接口形式，抹带前清洁接头缝周围，浇水湿润，用1：2.5砂浆分两次成型，表面感光，进行湿养护。

管道覆土厚度不满足规定时，需采取相应管壁加固措施，例如可以在管周浇筑混凝土，进行包管加固。

（2）混凝土盖板施工。先沿槽底浇筑混凝土或砌筑浆砌片石基础，再砌筑沟帮，完成后沟帮内侧的施工和砌筑式沟底采用砂浆抹面。暗沟每10～15m设置一道伸缩缝，软硬土层过渡处设一道沉降缝，缝内可填入麻絮沥青、沥青浸制木板或土工合成材料弹性物。盖板施工前应清除沟底杂物，盖板从上游向下游逐段安装，板与板之间紧紧靠拢，尽量不留缝隙。盖板盖上后要平整稳定，不得晃动。安装盖板前，沟帮顶面应先用M7.5砂浆和小石子找平，如沟槽是在岩石内凿出，可允许在石壁完整的沟段上直接安装盖板；岩壁破碎或有裂隙时，需先采用砂浆抹面、灌缝等进行处理。

（3）泉眼处施工。施工方可根据泉眼分布范围大小确定汇水井的形状和尺寸，可采用圆形或方形汇水井。剥离泉眼四周的浮土和碎石，以保证泉水正常涌出，砌筑井基础、井壁、井口、井内壁粉面；清理落入井底的泥土、沙石等杂物后盖上盖板，盖板必须严密稳定。

6. 回填

暗沟安装完成后，应进行沟、管内污物的清理，有闭水试验要求的管段应在回填前进行闭水试验，试验测定的渗漏量应符合相关标准，试验合格后及时回填。回填时，主体结构的砂浆或混凝土强度应达到设计强度的70%以上。回填料以砂砾类或碎石土较好，不得使用淤泥、腐殖土、有机物质或直径大于10cm的石块、砖块。回填过程中注意控制回填土的密实度，不得将土直接砸在抹带的接口上，沟槽两侧应同时对称填筑，以防沟管偏压受损。沟管下缘与基底、沟槽边坡下半段围城的三角地带间隙较小，容易形成回填死角，需填入稍细填料，并用钢钎、木夯等工具仔细捣实，以免沉降。为防止泥七或沙砾从盖板之间的缝隙落入泉眼或沟道造成堵塞，可在盖板表面铺筑碎石层，上填沙砾，或用土工布直接覆盖盖板进行保护。

（二）渗沟

1.施工前

认真阅读设计图纸，掌握设计意图、目的，拟订施工方案，核查设计是否合理完善，现场条件是否发生了变化，出水口位置是否有保证，是否产生淤积、冲刷等危害；渗沟底高程应高出沟外最高水位20cm；渗沟的埋深应满足透水层的顶部低于原有地下水位的要求；当排出层间水时，渗沟底部应埋于最下面的不透水层上，在冰冻地区，盲渗沟埋深不得小于当地最小冻结深度；检查人员、材料、机具到位情况，熟悉验收标准，落实冬、雨季施工措施。

2.清理现场

清理现场，平整路基，检查路基高程，复核水准点、控制点。

3.测量放样

根据设计图上的盲渗沟位置，采用经纬仪或全站仪在现场实地定出盲渗沟中线桩位，撒石灰边线或挂线，标出开挖位置，开挖前需经过复核验收，如需变更原设计平面布置，必须经监理批准。

4.开挖沟槽

根据渗沟宽度大小以及现场条件，选择采用人工开挖，开挖方向宜自下游向上游进行，沟槽开挖宽度及放坡可根据设计、土质、挖深、水位等来加以确定，优先采用挖直立沟或直立沟加支撑方式。开挖过程中，施工人员应注意检查控制基底高程、断面尺寸，做到不超挖、不扰动槽底基土。机械开挖时可在设计槽底高程以上保留20cm左右不挖，采用人工清理基底、基壁；当下一步工序不能连续进行时，槽亦留20cm左右土层不挖，待下一步工序开工时再挖，开挖过程中要做好排水引流工作，避免基槽受水浸泡。

5.沟槽清理与验槽

沟槽按设计开挖至预定深度后，施工人员应检验基槽土质类型、地质水文状况等，以决定是否需加固沟槽或变更设计布置。沟槽清理后，沟内不得有突出的尖石或树根，以免刺破损伤土工布。

6.盲渗沟材料安装、回填及夯实

（1）反滤土工布盲渗沟。在验收合格的基础上，应尽快进行下道工序的施工，首先将反滤土工布铺放入沟槽。铺放前应事把土工布先剪成符合要求的宽度，尺寸按上口搭接形式留足宽度。土工布铺放入槽内，必须整平表面，紧贴沟底及沟壁，但布面不应绷得太紧，需略有松弛，用石块压住固定，土工布长度或宽度不够时，土工布之间的搭接长度不得小于30cm，搭接处位于下游的土工布应放在上游的土工布下面，也可以采用缝接方法进行施工。

土工布铺好就位后，沿槽底土工布分层倒入经筛分洁净的碎石或卵石填料，填料要求无片状、针状，坚固抗冻，含泥量小于3%。平整碎石表面后，采用人工或小型打夯机夯实。每层碎石松铺厚度为20cm，夯实三遍，不得漏夯，密实度应达到60%以上。施工中，应避免对碎石产生污染，运料和沟内回填人员应进行分工，避免把沟外的泥土带进沟内，堆放碎石的场地在进行认真清理后，方可卸料。在堆料过程中，应分堆近距离回填，避免长距离摊铺。

在盲渗沟内的排水层碎石填至预定高度后，应及时将沟顶碎石封闭，以防碎石受到污染，沟顶土工布可用缝接或搭接的方式处理。接头采用缝接时，是将左右两片土工布用手提缝纫机缝合起来，缝接形式有平接缝、丁形接缝和蝶形缝，其中以蝶形的强度最高，缝线可为一道或两道，缝合宽度不小于10cm。盲渗沟施工完成后，如不立即进行土工布以上路基的填筑或上覆土层的回填，应采取临时遮盖措施，以避免土工布长时间暴露或暴晒后而性能劣化。

盲渗沟位于路基范围以外时，为防止地面水进入渗沟，应在盲渗沟顶面砌筑厚度为20cm的浆砌片石或夯填厚度不小于30cm的黏土作为顶部封闭层。出口处理：出口可根据实地情况安排在路界范围之外的自然水系或排水沟内，也可以安排在挡墙或路基边坡上。可用全断面干砌片石封堵出口，砌筑长度为50cm；也可在出口做局部的浆砌片石或预制块，局部开口尺寸不小于15cm×15cm，开口下缘与沟底平齐，出水口下方铺设混凝土挡溅垫板，或对边坡上的泄水道进行浆砌片石防冲刷加固。

（2）集料反滤盲渗沟的施工。首先准备好符合质量要求的相应规格

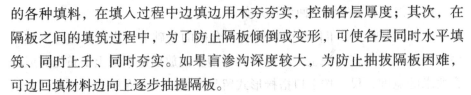

的各种填料，在填入过程中边填边用木夯夯实，控制各层厚度；其次，在隔板之间的填筑过程中，为了防止隔板倾倒或变形，可使各层同时水平填筑、同时上升、同时夯实。如果盲渗沟深度较大，为防止抽拔隔板困难，可边回填材料边向上逐步抽提隔板。

7. 盲渗沟施工的特殊要求

在盲渗沟、管式渗沟和洞式渗沟的具体施工过程中，大部分施工工序和施工方法都是相同的，不同点主要表现在排水层施工方面。

（1）填石渗沟（盲渗沟）

①排水层应采用较大颗粒的坚硬石质，尽量采用单一级配，以保证具有足够的孔隙度，满足设计流量要求，填充高度不小于30cm。

②盲渗沟埋深，一般要求渗水材料的顶部不得低于原地下水位，排除层间水时，盲渗沟底部应埋于最下面的不透水层。在冰冻地区，盲渗沟的埋深不得小于当地最小冻结深度，以确保盲渗沟能得到全面使用。

③盲渗沟采用混凝土浇筑或浆砌片石砌筑时，应在沟壁与含水层接触面的高度处，设置一排或多排向沟中倾斜的渗水孔，沟壁外侧应填以粗粒透水材料或土工布做反滤层，也可以采用无砂混凝土做渗沟壁，以采用无砂混凝土预制块砖砌施工为宜，但无砂混凝土壁应比普通混凝土壁厚。

④沿沟槽每隔10～15m，或当沟槽通过软硬岩层分界处时，应设置伸缩缝或沉降缝。

（2）管式渗沟

①排水管可采用陶土、混凝土、石棉或聚氯乙烯带孔塑料管等材料制成，在林区公路临时性使用时也可选用竹木等当地材料。管径按设计渗流量确定，但最小内径宜为15cm（渗沟长度不大于150m）或20cm（渗沟长度大于150m）。在冬季管内水流结冰地段，为防止堵塞可采用较大直径的水管，并给水管加设保温层。

②带孔的排水管，其管壁圆孔的内径为5～10mm，纵向间距为75mm，按4排或6排对称排列在圆管断面的下半截。带槽的排水管，其槽口的宽度为3～5mm。

③管底回填料厚度为15cm，管两侧回填料每侧宽度不宜小于30cm。管式渗沟的高度，应使填料顶面高出原地下水位，而且不低于沟底至管顶之

间高度的2～4倍。沟底一般用干砌片石砌筑，如果深入不透水层，则用浆砌片石或混凝土砌筑。

（3）洞式渗沟。在渗沟底部，以浆砌片石或混凝土预制块砌成矩形排水槽，槽顶覆盖水泥混凝土条形盖板，或采用无砂混凝土预制盖板，形成排水洞。板条间留有20cm的间隙，间距不超过30mm。在盖板顶面铺以透水的土工布织物或回填碎石。

（三）渗井

渗井属于立式地下排水设备，当地下存在多层含水层，其中影响路基的上部含水层较薄，排水量不大，且平式渗沟难以布置，采用立式（竖向）排水，就应设置渗井，即穿过不透水层，将路基范围内的上层地下水，引入更深的含水层中去，以降低上层的地下水位，或全部予以排除。渗井的平面布置，以及孔径与渗水量，按水力计算而定，一般为直径1～1.5m的圆柱形，亦可是边长为1～1.5m的方形。井深视地层构造情况而定，井内由中心向四周按层次，分别填入由粗到细的砂石材料，粗料渗水，细料反滤。填充料要求筛分冲洗，施工时需用铁皮套筒分隔填入不同粒径的材料，要求层次分明，不得粗细材料混杂，以保证渗井达到预期排水效果。

鉴于渗井施工不易，单位渗水面积的造价高于渗沟，一般尽量少用。有时，因土基含水率较大，严重影响路基、路面的强度，其他地下排水设备不易布置，其他技术措施如隔离层的造价较高，此时渗井可作为方式之一，设计时应进行分析比较，有条件地加以选用。

（四）坡体疏干孔

路堑坡体内存在含水层时，为了提高边坡的稳定性，必须采取深层排水措施，即疏干孔，从而疏干坡体内的地下水。

1.疏干孔的构造与布设

疏干孔的孔径一般为130mm左右，坡降采用5%，孔内安装直径为110mm左右的PVC管；对有渗流的坡体，排水管外包裹反滤土工布。疏干孔的布设应视不同坡面的渗水情况而定，可布设成梅花形，其间距（2～3m）、深度（10～30m）可进行适当调整。

2.坡体疏干孔的施工方法

（1）在坡面的排水疏干孔处，搭设脚手架或平整场地。脚手架平台或平整的钻凿施工场地能方便钻机的施工操作，采用地质钻或潜孔钻钻机进行钻孔。

（2）排水口的施工一般采用潜孔钻进行，潜孔钻施工效率较高，施工成本低，而且不用水施工，排水孔的施工不会对边坡产生副作用。对于需要在排水孔施工的同时进行边坡的地质调查，以采用地质钻施工较好，地质钻可以获得岩心，对了解坡体岩层、地质结构的分布有利。地质钻施工时一般要用水进行岩粉的排出，同时对钻头加以冷却。但水有时会对边坡产生不利影响，不仅会导致施工速度慢，而且施工成本也较高。

（3）施工过程中钻孔倾角的控制：在钻孔之前，可以先把罗盘靠在钻杆上，调整钻杆的倾角，直到与设计倾角相符，即可进行钻孔的施工；然后采用吊线的方法，测量某一段钻杆在水平和垂直方向的投影长度，即可计算钻杆的倾角，并不断调整，直到钻杆倾角与设计倾角相同为止，就可以进行钻孔。

（4）对于排水疏干孔的钻孔深度控制：如果在钻孔之前已经确定钻孔深度，因此可以采用钻杆的长度和钻进的钻杆数量计算和控制钻孔深度。钻孔完成后，必须用施工作业的高压气或高压水对钻孔进行冲洗，然后安装排水管，排水管的管壁上必须设有小孔进水。对于坡体不会产生渗流破坏的钻孔，排水管外可以不包反滤土工布，但对于有渗流破坏的钻孔，排水管必须外包反滤土工布，并进行绑扎。安装排水管之前不得移动钻机，在排水管安装过程中可能会由于塌孔而造成排水管无法安装到预定的深度，这时可以抽出排水管，用钻机进行清孔，然后进行排水管的安装。排水管安装完成后，就可以移动钻机进行下一个孔的施工。钻孔内的排水管最好采用不会锈蚀的管子，如PE管或PVC管等，排水管管壁上的小孔最好采用电钻钻凿。

（5）其他施工要点。

①只要设计的排水孔达到预定岩层的深度，就可采用钻孔排出的岩粉或取出的岩心进行判断，以确定钻进深度。

②坡面排水疏干孔最好采用干钻，以减少钻孔用水对边坡稳定产生的

不利作用。

③对于坡体岩石或土体稳定性较差的情况，钻孔易产生塌孔，则可采用套管跟进等措施进行钻孔的防塌。

④当排水疏干孔的出水对边坡产生冲刷或出水产生漫流，对边坡产生不利影响时，应用水沟或局部护坡对钻孔下部的坡面进行保护。

⑤在寒冷地区，来自排水疏干孔的水流可能不足以防冻，如果出现这种情况，应将水管引出孔外，采用废石堆覆盖的方法进行保温防冻。

⑥土工布包裹搭接长度不小于5cm，接头搭接后采用纤维包装带绑扎，一般呈螺旋状缠绕；也可以预先按管径大小将土工布裁剪好，用缝纫机把接头缝制好。安装PVC管时，只需要将土工布套在PVC管上，PVC管入孔一头用铁丝或塑料包装带将土工布绑扎封口，这种方法比较节省土工布，搭接长度可小于5cm，适用于大量设置疏干孔的地方。

⑦应用砂浆或黏土封住孔口处PVC管与孔壁之间的缝隙，以固定PVC管。

第二节　路面排水设计

一、路面表面排水

（一）路面表面排水原则

路面表面排水的主要任务是迅速把降落在路面和路肩表面的降水排走，以免造成路面积水而影响行车安全。路面表面排水设计应遵循下列原则：

（1）降落在路面上的雨水，应通过路面横向坡度向两侧排走，避免行车道路面范围内出现积水。

（2）在路线纵坡平缓，汇水量不大，路堤较低且边坡坡面不会受到冲刷的情况下，应采用在路堤边坡上横向漫坡的方式排除路面表面水。

（3）在路堤较高，边坡坡面未做防护而易遭受路面表面水流冲刷，或者坡面虽已采取防护措施但仍有可能受到冲刷时，应沿路肩外侧边缘设置拦水带，汇集路面表面水，然后通过泄水口和急流槽排离路堤。

（4）设置拦水带汇集路面表面水时，拦水带过水断面内的水面，在高速公路及一级公路上不得漫过右侧车道外边缘，在二级及二级以下公路上不得漫过右侧车道中心线。

（5）路堑地段路面表面水应通过横向排流的方式汇集于边沟内。

当路基横断面为路堑时，横向排流的表面水则汇集于边沟内。当路基横断面为路堤时，可采用两种方式排除路面表面水：一种是让路面表面水以横向漫流形式向路堤坡面分散排放；另一种方式是在路肩外侧边缘放置拦水带，将路面表面水汇集在拦水带同路肩铺面（或者路肩和部分路面铺面）组成的浅三角形过水断面内，然后通过相隔一定间距设置的泄水口和急流槽集中排放至路堤坡脚外。两种排水方式的选择，主要依据表面水是否对路堤坡面造成冲刷危害。在汇水量不大、路堤不高、路线纵坡平缓、坡面耐冲刷能力强的情况下，应优先采用横向漫流分散排放的方式，而在表面水有可能冲刷路堤坡面的情况下，则采用将路面表面水汇集在拦水带内，通过泄水口和急流槽集中排放的方式。由于修筑拦水带和急流槽需增加工程投资，因而，需对投资的经济性进行分析和比较：是采用有效的坡面防护措施，而不设拦水带和急流槽经济，还是修筑拦水带和急流槽而降低对坡面防护工程的要求合算。

拦水带可由沥青混凝土现场浇筑，或者由水泥混凝土预制块铺砌而成。采用水泥混凝土预制块拦水带时，应避免预制块影响路面内部水的排泄。

拦水带泄水口的间距应根据过水断面水面漫盖宽度的要求和泄水口的泄水能力计算确定，宜为25～50m；高速公路、一级公路车道较多时，宜采用较小的泄水口间距。

拦水带的泄水口可设置成开口（喇叭口）式。设在纵坡坡段上的泄水口为提高泄水能力，宜做成不对称的喇叭口，喇叭口上游方向与下游方向的长度之比不宜小于3∶1，上游方向渐变段最小半径不宜小于900mm，下游方向最小半径不宜小于600mm，并在硬路肩边缘的外侧设置逐渐变宽的低凹区。

城市道路的表面排水，是指降落于路表的雨水，在设置横坡、纵坡的道路上流向道路边缘，经排水口流入雨水井，进入城市的地下管网系统。

其排水方式根据道路所处位置一般分为两种形式：一是市区道路，水流汇聚于道路侧石和横坡构成的浅三角形边沟，然后经排水口流入雨水井。此种形式的排水流量包括道路表面的水流和人行道及经排水管流到人行道上的街区建筑顶面的水流。二是对远离市区的外环线等道路，可在道路两侧边缘设置梯形或矩形边沟，水流先流至边沟，再进入雨水井，其排水方式和公路排水非常类似，但需注意的是，其边沟的深度较公路用边沟要深，因为有时需在边沟侧壁上布设一些市政管线。

（二）浅三角形边沟

在城市道路中，受交通条件的限制，常于道路右侧设置侧石结构，如此则形成了由道路铺面路肩和侧石构成的浅三角形沟渠。水流在道路横坡、纵坡作用下向道路边缘汇聚，则形成有一定宽度的浅三角形过水断面形式。为增加浅三角形边沟的排水能力或减小过水断面的宽度，可选择在单一横坡的边沟设置一定宽度的低洼区，故称此类边沟为复合横坡的浅三角形边沟，该类边沟可在低洼区连续设置或在排水口的局部区域内设置。复合横坡的边沟在城市道路施工中是完全允许的，但对于安装侧石的道路结构，复合横坡的浅三角形边沟则很少采用。

（三）排水口

1.排水口的种类及布设形式

排水口用于收集雨水并将其排放至适当地点，排水口通常置于边沟断面、铺装的中间带、道路边缘和中间带沟渠内。道路表面的排水口通常分为以下四种类型：

（1）雨水口式排水口是由边沟及沟渠内的开口上放置一个箅条式雨水口构成的，在城市道路的路表排水系统中应用较多，其布置在边沟断面内，水流流动时流过雨水口。雨水口的形式、布置和数量，应按汇水面积产生的边沟流量、雨水口的排水能力及道路形式确定。雨水口的试验表明：当上游来水量很小时，边沟内的过水断面宽度小于雨水口宽度，水流全部从雨水口正面进入；随着上游来水量的增大，水面宽度要大于雨水口宽度，部分水流从雨水口侧面流入，但水流仍可全部进入雨水口；上游来水量继续增加时，部分水流从雨水口旁边越过，进入下游。

（2）开口式排水口是在侧石上做垂直开口，并在其上覆盖顶板。开口式排水口的排水能力和侧石处的水深及排水口的开口宽度有很大关系。因开口式排水口布置在侧石上，边沟内水流需从侧面流入，所以水流流速对其排水能力也有很大影响。纵坡较大时，开口式排水口的排水能力比较低。

（3）狭槽式排水口包括一个沿纵向切开的管子，和开口进行垂直连接以保证狭槽的开口宽度。

（4）组合式排水口包括并排放置的开口式排水口和雨水口式排水口，同时具备了开口式进水口和雨水口进水口的优势，从而组合成了具有较高效率的进水口。

2. 排水口的特点及适用条件

雨水口式排水口是一种典型的对边沟纵坡有较大适用范围的排水口。当纵坡增大时，其排水能力会降低，但比开口式排水口的排水量降低程度要小。雨水口式排水口的最大优点是排水口放置于水流经过的路径上；其缺点是排水口有可能会被漂浮的垃圾或碎片堵塞。出于安全考虑，当有可能出现车辆失控时，不应优先选用雨水口式排水口；另外，有自行车交通时，应考虑自行车的安全问题，尤其是篦条宽度较大时，自行车轮子可能陷于其中。

开口式排水口在平坡及低洼区位置较为有效，在水流中携带较多数量的杂物时也使用较多。当边沟纵坡变陡时，排水口的排水能力明显下降，因此开口式排水口被推荐用于低洼区或纵坡小于3%的路段，另外，此类排水口对自行车交通是安全的。组合式排水口兼具开口式排水口和篦条式排水口的优点，其排水能力较大。当开口式排水口长于篦条式排水口时，开口式排水口可在排水口前端拦截水流中的垃圾。在低洼区，开口式排水口可在两端均加长。

二、中央分隔带排水

中央分隔带排水是高速公路及一级公路地表排水的重要内容，应根据分隔带宽度、绿化、交通安全设施的形式和分隔带表面的处理方式等因素选择不同的排水方式。我国《公路排水设计规范》（JTG/T D3-2012）将中央分隔带排水划分为三种类型：

（1）宽度小于3m且表面采用铺面封闭的中央分隔带排水，降落在分隔带上的表面水排向两侧行车道，其坡度与路面的横坡度相同；在超高路段上，可在分隔带上侧边缘处设置缘石或泄水口，或者在分隔带内设置缝隙式圆形集水管或碟形混凝土浅沟和泄水口，以拦截和排泄上侧半幅路面的表面水。缘石过水断面的泄水口可采用开口式、格栅式或组合式；碟形混凝土浅沟的泄水口采用格栅式。格栅铁条应平行于水流方向，孔口的净泄水面积应占格栅面积的一半以上，泄水口间距和截流量计算以及断面尺寸等可通过计算选取。

（2）宽度大于3m且表面未采用铺面封闭的中央分隔带排水，降落在分隔带上的表面水汇集在分隔带中央的低洼处，并通过纵坡排流到泄水口或横穿路界的桥涵水道中。分隔带的横向坡度不得陡于1∶6；分隔带的纵向排水坡度，在过水断面无铺面时不得小于0.25%，有铺面时不得小于0.12%。当水流速度超过地面的最大允许流速时，应在过水断面宽度范围内对地面土进行防冲刷处理，做成三角形或U形断面的水沟。防冲刷层可采用石灰或水泥稳定土，或者采用浆砌片石铺砌，层厚10～15cm。当中央分隔带内的水流流量过大或流速超过允许范围处，或者在分隔带低凹区的流水汇集处，应设置格栅或泄水口，并通过排水管引排到桥涵或路界外。格栅可以同周围地面齐平，也可适当降低，并在其周围一定宽度范围内做成低凹，以增加排水能力。

（3）表面无铺面且未采用表面排水措施的中央分隔带，降落在分隔带上的表面水下渗，由分隔带内的地下排水设施排除，排水管可采用直径70～150mm的塑料管。常用的纵向排水渗沟，应隔一定间距通过横向排水管将渗沟内的水排出路界。渗沟周围包裹反滤织物（土工布），以免渗入水携带的细粒将渗沟堵塞。渗沟上的回填料与路面结构的交界面铺设涂双层沥青的土工布隔渗层。中央分隔带排水渗沟宜设置在通信管道之下，渗沟顶面与回填土之间应设置反滤层，渗沟两侧及底部应设置防水层。

在我国，通常采用较窄的中央分隔带，仅在中间设预留车道时才采用宽的中央分隔带。各地在选用排水设施类型时，并未拘泥于以分隔带宽度限值作为唯一的依据，而是结合地区和工程需要确定，形式是多样的。因此，上述分类中的宽度标准并不是绝对的。

大量路面损坏状况调查和路面使用经验表明，由于中央分隔带排水不畅，造成水向两侧路基、路面迁移，这是导致或加速路面损坏的重要因素之一。中央分隔带内的水主要有两个来源：大气降水和灌溉水。如果中央分隔带排水不畅，可能会对公路产生以下两个方面的危害：

首先，暴雨时，排水设施不能快速排水，导致中央分隔带内的水溢出进入路面，增大路面排水设施的负荷，危害行车安全。其次，被围封在中央分隔带内的水如果不能快速排出，则会向两侧迁移，浸湿各结构层和路基土，使其强度降低，变形增加，从而导致路面结构承载力降低，使用寿命缩短。更为严重的是，由于路面是层状结构，层间结合处易于出现空隙，进入空隙内的自由水在行车荷载的作用下，会形成高空隙水压力和高速水流，冲刷层面材料并从缝隙处向外喷出带细料的泥浆，促使沥青面层出现剥落和松散，水泥混凝土面层出现错台和板底脱空等病害，从而使整个路面的使用性能快速下降。

三、路面内部排水

水可以通过路面接缝、裂缝、路面表面和路肩渗入路面，或是由高水位地下水、截断的含水层和当地泉水进入路面结构，被围封在路面结构内的水产生的有害影响可归纳如下：

（1）浸湿各结构层材料和路基土，易造成无黏结粒状材料和路基土的强度降低。

（2）使混凝土路面产生唧泥，随之出现错台、开裂和整个路肩破坏。

（3）进入空隙的自由水在行车荷载的作用下，会形成高孔隙水压力和高流速的水流，引发路面基层的细颗粒产生唧泥，使路面失去支撑。

（4）在冰冻深度大于路面厚度的地方，高地下水位会造成冻胀，并在冻融期间降低承载能力。

（5）水使冻胀土产生不均匀冻胀。

（6）与水经常接触将使沥青混合料松散剥落，影响沥青混凝土耐久性。

当路基土为低透水性（渗透系数不大于10^{-5}cm/s），而两侧路肩外也由这种土填筑时，路面结构便类似于被安置在封闭的槽式"浴盆"内，进入路面结构内的水无法向下或向两侧迅速渗出，长时间积滞在路面结构内部。特别是位于凹形竖曲线底部、低洼河谷地，曲线超高断面内侧，以及立体交叉的下穿路段的路面结构，由于地表径流或地下水汇集，进入结构内的自由水不仅数量大，而且停滞时间久。

大量的路面损坏状况调查和路面使用经验表明，进入路面结构内的自由水是造成或加速路面损坏的重要原因。国外的一些对比分析和试验段观察结果表明，设有排水基层的路面，其使用寿命要比未设的提高30%（沥青混凝土路面）和50%（水泥混凝土路面）左右。因而，采用内部排水设施所增加的资金投入，可以很快从路面使用性能的提高、使用寿命的增加和养护工作的减少中得到补偿。

遇有下列情况时，应设置路面内部排水系统：

①年降水量为600mm以上的湿润多雨地区，路床由渗透系数不大于10^{-4}mm/s的细粒土填筑的高速公路、一级公路或重要的二级公路。

②路基两侧有滞水，可能渗入路面结构内。

③重冰冻地区，路床为粉性土的潮湿路段。

④现有公路路面改建或路基改善工程，需排除积滞在路面结构内的水。

同时规定，路面内部排水系统设计应符合下列要求：路面内部排水系统中各项排水设施的泄水能力均应大于渗入路面结构内的水量，且下游排水设施的泄水能力应超过上游排水设施的泄水能力。渗入水在路面结构内的最大渗流时间，冰冻地区不应超过1h，其他地区不应超过2h（重交通）~4h（轻交通）。渗入水在路面结构内的渗流路径长度不宜超过45~60m。各项排水设施不应被渗流从路面结构、路基或路肩中带来的细料堵塞，以保证系统的排水能力不随时间推移而很快丧失。

四、边缘排水系统

边缘排水系统是由沿路面边缘设置的透水性填料集水沟、纵向排水沟、横向出水管和过滤织物组成的边缘排水系统。该系统将渗入路面结构内的自由水，先沿路面结构层间空隙或某一透水层次横向流入纵向集水沟和排水管，再由横向出水管排引出路基。这种方案常用于基层透水性小的水泥混凝土路面，特别是用于改善排水状况不良的旧水泥混凝土路面。水泥混凝土面层板的边缘和角隅处，由于温度和湿度梯度变化引起的翘曲变形作用以及地基的沉降变形，引起板底面同基层顶面的脱空。下渗的路表水易积聚在这些脱空内，促使唧泥和错台等损坏出现。设置边缘排水系统，便于将面层—基层—路肩界面处积滞的自由水排离路面结构，而对于排水状况不良的旧水泥混凝土路面，采用边缘排水设施方案，可以在不改变原路面结构的情况下改善其排水状况，从而提高原路面的使用性能和使用寿命。然而，自由水在路面结构层内沿层间渗流的速率要比向下渗流的速率慢许多倍，并且部分自由水仍有可能被阻封在路面结构内。因而，边缘排水系统的渗流时间较长，路面结构处于潮湿状态的时间要比即将要介绍的排水层排水系统长许多。

纵向排水管通常选用聚氯乙烯（PVC）或聚乙烯（PE）塑料管。排水管设三排槽口或孔口，其开口总面积不小于$42cm^2$/延米，管径按设计流量由水力计算确定，通常在70～150mm范围内选用。排水管的埋设深度，应保证不被车辆或施工机械压裂，并应超过当地的冰冻深度，在非冰冻地区，新建路面时，排水管管底通常与基层底面齐平；改建路面时，管中心应低于基层顶面。排水管的纵向坡度宜与路线纵坡相同，但不得小于0.25%。

横向出水管选用不带槽或孔的聚氯乙烯塑料管，管径与排水管应相同，其间距和安全位置由水力计算以及邻近地面高程和公路纵横断面情况来加以计算和确定，一般在50～100m范围内选用。出水管的横向坡度不宜小于5%。埋设出水管所开挖的沟，需用低透水材料回填。出水管的外露端头用镀锌铁丝网或格栅罩住。出水口的下方应铺设水泥混凝土防冲刷垫板或者对泄水道的坡面进行浆砌片石防护，以防止水流冲刷路基边坡和影响植物生长。出水水流应尽可能排引至排水沟或涵洞内。

透水性填料由水泥处治开级配粗集料组成，其空隙率为15%～20%。粗集料最大粒径不大于40mm，粒径4.75mm以下的细粒含量不应超过16%，粒径2.36mm以下的细粒含量不应超过6%。为避免带孔排水管被堵塞，透水性填料中通过率为85%的粒径应比排水管槽口宽或孔口直径大1～1.2倍。水泥处治集料的配合比，应按透水性要求和施工的要求，通过试配确定。

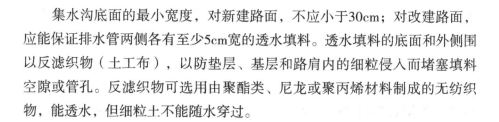

集水沟底面的最小宽度，对新建路面，不应小于30cm；对改建路面，应能保证排水管两侧各有至少5cm宽的透水填料。透水填料的底面和外侧围以反滤织物（土工布），以防垫层、基层和路肩内的细粒侵入而堵塞填料空隙或管孔。反滤织物可选用由聚酯类、尼龙或聚丙烯材料制成的无纺织物，能透水，但细粒土不能随水穿过。

五、排水基层的排水系统

基层排水系统是直接在面层下设置透水性排水基层，在其边缘设置纵向集水沟和排水管以及横向出水管等，组成排水基层排水系统，采用透水性材料做基层，使渗入路面结构内的水分，先通过竖向渗流进入排水层，然后横向渗流进入纵向集水和排水管，再由横向出水管排引出路基。这种排水系统，由于自由水进入排水层的渗流路径短，在透水性材料中渗流的速率快，其排水效果要比边缘排水系统要好。一般在新建路面时采用此方案，排水基层设在面层下，作为路面结构的基层或基层的一部分，共同承受车辆荷载的作用。

排水层也可采用横贯路基整个宽度的形式，不设纵向集水沟和排水管以及横向出水管。渗入排水层内的自由水，应采用横向渗流，直接排泄到路基坡面外。这种形式便于施工，但其主要缺点是排水层在坡面出口处易生长杂草或被其他杂物堵塞，从而在使用几年后便不再能排泄渗入水，而集中积滞在排水层内的自由水反而使路面结构特别是路肩部分，更易出现损坏。

在一些特殊地段，如连续长纵坡坡段、曲线超高过渡段和凹形竖曲线段等，排水层内渗流的自由水有可能被堵封或者渗流路径超过45～60m。在这些地段，应增设横向排水管以拦截水流，缩短渗流长度。

排水层的透水性材料可以采用经水泥或沥青处治，或者未经处治的开级配碎石集料。未经水泥或沥青处治的碎石集料，在施工摊铺时易出现离析，在碾压时不易压实稳定，并且易在施工机械行驶下出现推移变形，因而一般情况下不建议采用其作为排水基层。

排水基层的集料应选用洁净、坚硬的碎石，其压碎值不得大于28%最大公称粒径不得超过层厚2/3，采用沥青处治时，最大公称粒径宜为16mm；采用水泥处治时，最大公称粒径宜为19mm。粒径4.75mm以下细料的含量不得大于10%。混合集料级配应满足透水性要求，且渗透系数不得小于300m/d。水泥处治碎石集料的水泥用量不得少于160kg/m³，其7d浸水抗压强度不得低于3MPa。沥青处治碎石集料的沥青用量可为集料烘干质量的2.5%～4.5%。材料的透水性同集料的颗粒组成情况有关，空隙率大的组成材料，其渗透系数也大，需通过透水试验来加以确定。

纵向集水沟布置在路面横坡的下方。行车道路面采用双向坡路拱时，在路面两侧都设置纵向集水沟。集水沟的内侧边缘可设在行车道面层边缘处，但有时为了避免排水管被面层施工机械压裂，或者避免路肩铺面受集水沟沉降变形的影响，将集水沟向外侧移出60～90cm。路肩采用水泥混凝土铺面时，集水沟内侧边缘可外移到路肩面层边缘处。

排水基层下必须设置不透水垫层或反滤层，以防止表面水向下渗入垫层，浸湿垫层和路基，同时防止垫层或路基土中的细粒进入排水基层而造成堵塞。

排水垫层按路基全宽设在其顶面。过湿路基中的自由水上移到排水垫层内后，向两侧横向渗流。路基为路堤时，水向路基坡面外排流；路基为路堑或半路堑时，挖方坡脚处须设置纵向集水沟、排水管和横向排水管。排水基层厚度应根据所需排放的水量和基层材料的渗透系数计算确定，并满足最小厚度的要求。采用沥青处治碎石时，最小厚度不得小于60mm；采用水泥处治碎石时，最小厚度不得小于80mm；采用级配碎石时，最小厚度不得小于120mm。排水基层的宽度应根据面层施工需要确定，宜超出面层宽度300～900mm。渗入水在路面结构内的最大渗流时间，冰冻地区不应超过1h，其他地区不应超过2h。

第三节　路基路面综合排水系统设计

公路路基路面建设质量与使用寿命的关键在于排水。在公路的使用过程中，路基路面结构内部的含水量必须控制在较低的、不影响其自身强度和稳定的范围内，否则会降低公路的承载力，导致路面的迅速破坏。大量的路面损坏状况调查和路面使用经验表明，进入路面结构内的自由水是造成或加速路面损害的重要原因，因此，形成完善的路基、路面综合排水系统是保证路面正常运营的先决条件。

公路排水的主要功能包括：隔绝路基路面范围内雨水的下渗，并迅速汇集排出至路基范围以外；排出路基路面结构层内的渗入水；阻挡或导过向路基汇集的路基范围以外的地表水；隔绝地下水的毛细上升。路面上的雨水如果不能迅速排出，就会通过孔隙、裂缝大量下渗，增加路基路面结构内部的含水率，所以，必须采取措施迅速排除路面水，同时阻隔路面雨水下渗。路基路面结构层内的渗入水如果存留浸泡，就会使路基路面结构层松软，降低强度和刚度，所以必须采取措施阻止渗入水的深入并迅速排出。地下水顺路基土颗粒之间毛细上升，也是危害路基路面结构强度和稳定的主要因素之一，而且上升越高、危害越大，所以必须采取措施阻隔地下水的毛细上升。总之，路基路面范围内的雨水如果不能迅速汇集排出至路基范围以外，或路基范围以外的地表水向路基汇集，都将严重冲刷或浸泡路基。

路面排水设计应根据公路等级、降水量、地形、地貌、地质及水文地质条件等因素，结合路基排水、桥涵构造物排水、地下排水系统的设计，合理布置路面排水设施，使排水系统有机地构成一个完整、畅通的排水体系，确保路基路面稳定和行车安全。

排水综合设计，一般结合路线的平面、纵断面设计和沿线地形、地质、水文条件进行。对高等级公路中排水不良、易受水流冲刷的特殊地段（如滑坡路段、隧道洞口、干线交叉道口、连续回头曲线等排水复杂路段），应作专项公路排水综合设计。

排水综合设计时应考虑以下五方面的问题：

（1）流向路基的地面水和地下水，需在路基范围以外的地点，设置截水沟与排水沟或渗沟进行拦截，并引至指定地点。路基范围内的水源，分别采用边沟、渗沟、渗井与排水沟予以排除。

（2）对于明显的天然沟槽，一般宜"一沟一涵"，不要勉强改、并。

（3）为提高截流效果，减少工程量，地面沟渠宜大体沿等高线布置，尽可能使沟渠垂直于流水方向，且应力求短捷、水流通畅。

（4）各种排水设施，地基必须稳固，不得渗漏，并具有适当的纵坡坡度。沟槽的基底与沟底沟壁，必要时应予以加固，不得溢水渗水，防止损害路基和引起水土流失。

（5）路基排水综合设计，必须事先做好调查研究工作，进行必要的水文水力计算，作出总体规划，提出总体布置方案，逐段逐项进行细部设计，并进行效益分析与经济核算。

第五章　路基施工技术分析

第一节　填方路基施工

一、路堤填筑的相关要求

为确保路基施工质量，在路堤的填筑工作过程中，必须掌握规范对路基用土、不同土质填筑路堤、路堤基底处理、路堤填筑方法和路基压实等内容的相关要求。

（一）路基土的工程性质及路基用土方法

1.熟悉路基土的工程性质

（1）不易风化的石块包括不易风化的漂石和卵石，其有很高的强度和稳定性，使用场合和施工季节均不受限制，为较好的路基填筑材料，也可用于砌筑边坡。但石块之间要嵌锁密实，以免在自重和行车荷载作用下，石块松动产生沉陷变形。

（2）碎（砾）石土指含有一定比例碎石的土，其强度能满足要求，内摩擦系数高，水稳定性好，材料的透水性大，施工压实方便，能达到较好的密实程度，为很好的填筑材料。但若细粒含量增多，则透水性和水稳定性就下降。

（3）天然沙砾土无塑性，透水性和水稳定性均良好，毛细管水上升高度很小，具有较大的内摩擦系数。砂土黏结性小，易于松散，对流水冲刷和风蚀的抵抗能力很弱，压实困难，但是经充分压实的砂土路基，则压缩变形小，稳定性好。为了加强压实和提高稳定性，可以采用振动法压实，并可适量掺些黏土，以改善级配组成，并应将边坡予以加固，以提高路基的稳固性。

（4）砂性土既含有一定数量的粗颗粒，又含有一定数量的细颗粒，级配适宜，强度、稳定性等都能满足要求，是理想的路基填筑材料，如细粒土质砂土，其粒级组成接近最佳级配，遇水不黏着，不膨胀，雨天不泥泞，晴天不扬尘，便于施工。

（5）黏性土细颗粒含量多，土的内摩擦系数小而黏聚力大，透水性小而吸水能力强，毛细现象显著，有较大的可塑性。干燥时坚硬而不易挖掘，施工时不易破碎，浸水后强度下降较多，干湿循环因胀缩引起的体积变化也大，因此过干或过湿时都不便施工。在给予充分压实和良好排水的条件下，黏性土可作路堤填筑材料。

（6）粉性土因含有较多的粉粒，毛细现象严重，干时易被风蚀，浸水后很快被湿透，在季节性冰冻地区常引起冻胀和翻浆，水饱和时有振动液化问题。粉性土特别是粉土，属于不良的公路路基用土。如果不得已使用时，宜掺配其他材料，即采取技术措施改良土质，同时必须加强排水和隔离水等措施。

（7）膨胀性重黏土几乎不透水，黏结力特强，湿时膨胀性和塑性都很大。膨胀性重黏土工程性质受黏土矿物成分影响较大，黏土矿物主要包括蒙脱土、伊里土、高岭土。蒙脱土主要分布在东北地区，其塑性大，吸湿后膨胀强烈，干燥时收缩大，透水性极低，压缩性大，抗剪强度低。高岭土分布在南方地区，其塑性较低，有较高的抗剪强度和透水性，吸水和膨胀量较小。伊里土分布在华中和华北地区，其性质介于上述两者之间。此外膨胀性重黏土不宜用来填筑路堤。

（8）易风化的软质岩石（如泥灰岩、硅藻岩等）浸水后易崩解，强度显著降低，变形量大，一般不宜作浸水路堤填筑材料。总之，路基用土中，砂性土以粗颗粒状土为最优，黏性土次之，粉性土属不良材料，容易引起路基病害。膨胀性重黏土，特别是蒙脱土更是不良的路基土。此外，还有一些特殊土类，如有特殊结构的土（湿陷性黄土）、含有机质的土（腐殖土）以及含易溶盐的土（盐渍土）等，用以填筑路基时必须采取相应技术措施。

2.明确规范中对路基用土的规定

《公路路基施工技术规范》（JTG/T 3610—2019）中对路基用土还有如下规定：

（1）路堤填料不得使用淤泥、沼泽土、冻土、有机土、含草皮土、生活垃圾、树根和含有腐朽物质的土。采用盐渍土、黄土、膨胀土填筑路堤时，应遵照有关规定执行。

（2）液限大于50%、塑性指数大于26的土，以及含水量超过规定的土，不得直接作为路堤填料。需要应用时，必须采取满足设计要求的技术处理，经检查合格后方可使用。

（3）钢渣、粉煤灰等材料，可用作路堤填料，其他工业废渣在使用前应进行有害物质的含量试验，避免有害物质超标，污染环境。

（4）捣碎后的种植土，可用于路堤边坡表层。

（二）熟悉规范关于不同土质填筑路堤的相关规定

在施工中，沿线的土质经常发生变化，为避免将不同性质的土任意混填，以致造成路基病害，必须在施工前进行现场调查，作出正确的规划，拟订合理的调配方案。

（1）性质不同的填料，应水平分层、分段填筑、分层压实。同一层路基应采用同一种填料，不得混合填筑，每种填料的填筑层压实后的连续厚度宜不小于500mm。路基上部宜采用水稳性好或冻胀敏感性小的填料，有地下水的路段或浸水路堤，应填筑水稳性好的填料。

（2）在透水性差的压实层上填筑透水性好的填料前，应在其表面设2%～4%的双向横坡，并采取相应的防水措施。不得在透水性好的填料所填筑的路堤边坡上覆盖透水性差的填料。

（3）每种填料的松铺厚度应通过试验确定。

（4）每一填筑层压实后的宽度不得小于设计宽度。

（5）路堤填筑时，应从最低处起分层填筑，逐层压实。

（6）填方分几个作业段施工时，接头部位如不能交替填筑，先填路段应按1：1～1：2坡度分层留台阶；如能交替填筑，应分层相互交替搭接，搭接长度应不小于2m。

二、土质路堤施工

当路堤两端挖方弃方为土方，且纵向运距较适中，或因运距较远不宜纵向调运，而宜就近取土填筑路堤时，应按土质路堤方案组织施工。

（一）工作程序

土质路堤施工的基本工作内容和程序，按技术咨询、决策、计划、实施、检查和评价六个程序说明如下。

1. 技术咨询

（1）以完善优化设计提供的路基土石方工程规模和原设计提供的取土场布设图表资料为基础，深入现场复查每一个取土场布设的合理性，必要时可适当增减符合实际需求的取土场数量。

（2）结合本项目用地、环保、水土保持要求及运输等条件编制取土场布设比选方案，从中推荐既能符合水土保持、环境保护等各项要求，又能降低成本的取土场实用方案。

（3）明确路基各层次的标准，查明实际可采用取土场内各层土的工程性质。

2. 决策与计划

（1）以场地清理和施工复查成果为依据，通过复查决定路堤基底的处理方案。

（2）通过铺筑实验路段确定如下方案：

①不同土质的松铺厚度、碾压遍数、碾压速度、工序及检测实验方案。

②挖土、装土、运土、摊铺土、最佳含水量、沉降量和压实机具的选择及组合等方案。

③本路段综合性施工组织、管理和计划实施方案。

3. 实施

（1）检查施工放样成果，确定填方起始桩位。

（2）根据实施计划，落实责任制度。

（3）按已落实的责任制，开展工作。

（4）组织完成实施过程中的动态设计工作。

4.检查与评价

（1）对分层压实能否转序进行检查与评价，并编制评价报告。

（2）对检查工作中发现的工程技术问题，提出方案措施和建议。

（3）评价实施方案与计划的执行情况。

（4）评价工程计量与报表统计情况。

（5）评价质量、进度、安全、环保情况等。

（二）施工要点

（1）落实各项准备工作是否能满足施工的需要，例如填方地段是否已增设了水准点和导线点，原地面表土、草皮是否已清理完毕，纵向施工便道是否已经开辟。

（2）原地面碾压：土方填筑前，当填土高度>0.8m时，用压路机将场地清理后的原地面压实，其压实度应不小于90%；当填土高度<0.8m时，如果土质符合规范要求，应将地表面翻松至底部，然后分层整平压实；如果土质不符合规范要求，应将其全部挖除换填其他合格材料。

（3）填料开挖自上而下逐层进行，不得乱挖或超挖；严禁用爆破法施工或掏洞取土，及时开挖，及时拉运填筑。

（4）填料要求：填方应用不含腐殖土、树根、草泥或其他有害物质，且具有规定强度和规定尺寸并能被压实到规定密实度和形成稳定填方的材料。

（5）路堤填筑应分层（层厚不大于30cm）由下而上逐层进行，每层填土应及时进行含水量检测，并采取晾晒法或洒水法控制填料接近最佳含水量，确保压实度满足要求。填筑后如遇雨天，在铺上层之前应重压一次。

（6）每层填料铺设宽度应超出路堤设计宽度30cm，以保证边缘有足够的压实度，待路基完成后再修整边坡，保证路堤边坡密实、直顺、平整稳定、曲线圆滑，填料及路堤的整体强度必须符合设计要求。

（7）每层碾压后测量验收：每层碾压后应进行中线测量、高程测量、宽度测量、厚度测量、横坡测量和压实度检测，报监理工程师验收后再填筑下一层。

（8）第一层放土：原地面压实后用石灰划网格，每一网格卸一车土，每一网格的面积×松铺厚度=一辆车所装料的松方体积。

（9）中间层摊铺：每层填筑前，应测量出下承层高程，放出填筑边线（用石灰划边线），中部每层用石灰划网格，每一网格卸一车土，由专人指挥控制，土方应分层全幅摊铺。

（10）整平：先用推土机整平路基，用平地机粗平，再用压路机静压1遍，再用平机地精平。

（11）碾压：采用压路机碾压，碾压最小遍数应达到3遍。碾压时应坚持碾压的"先轻后重，先边后中，先慢后快，先弱后振"的压实原则，且速度控制在3～5km/h范围内；每压实一遍，相邻轮迹必须重叠1/3以上，待压路机碾压3遍以上，每压实一遍测一次压实度，直到压实度达到规定的要求为止。碾压采用分层分段全幅碾压，先填低洼地段，后填一般路段，要始终保持一定的路拱和纵坡，以防路基积水。

三、填石路堤施工

填石路堤指用粒径大于40mm、含量超过70%的石料填筑的路堤。填石路堤施工的工作程序、试验路段的铺筑、路堤基底的处理等程序和方法与土质路堤施工的方法基本相同。

（一）填石路堤的适用条件

（1）当路堤两端挖方为石方，且弃方数量充足，质量与地基条件符合要求，纵向运距较适中时。

（2）经过与其他可能采用的方案进行技术经济比较后，填石路堤方案为较优方案时。

（3）软土地区的换填路基等。

（二）相关规定和质量保证措施

1.《公路路基施工技术规范》（JTG/T 3610—2019）中的相关规定

（1）填石路堤的石料强度不应小于15MPa（用于护坡的不应小于20MPa），填石路堤石料最大粒径不宜超过层厚的2/3，填石路堤的压实度

检验按相关规定执行。

（2）高速公路、一级公路和铺设高级路面的其他等级公路的填石路堤均应分层填筑，分层压实。二级及二级以下且铺设低级路面的公路在陡峻山坡段施工特别困难或大量爆破以挖作填时，可采用倾填方式将石料填筑于路堤下部，但倾填路堤在路床底面下不小于1.0m范围内仍应分层填筑压实。

（3）分层松铺厚度：高速公路一级公路不宜大于0.5m；其他公路不宜大于1.0m。

（4）填石路堤倾填前，路堤边坡坡脚应用粒径大于30cm的硬质石料码砌。当设计无规定时，填石路堤高度小于或等于6m时，其码砌厚度不应小于1m；当高度大于6m时，码砌厚度不应小于2 m。

（5）逐层填筑时，应安排好石料运输路线，专人指挥，按水平分层，先低后高，先两侧后中央卸料，并用大型推土机摊平。个别不平处应配合人工用细石块、石屑找平。

（6）当石块级配较差、粒径较大、填层较厚、石块间的空隙较大时，可于每层表面的空隙里扫入石渣、石屑及中、粗砂，再以压力水将砂冲入下部，反复数次，使空隙填满。

（7）人工铺填粒径25cm以上石料时，应先铺填大块石料，大面向下，小面向上，摆平放稳，再用小石块找平，石屑塞缝，最后压实。人工铺填块径25cm以下石料时，可直接分层摊铺，分层碾压。

（8）填石路堤的填料如其岩性相差较大，则应将不同岩性的填料分层或分段填筑，如路堑或隧道基岩为不同岩种互层，允许使用挖出的混合石料填筑路堤，但石料强度、粒径应符合规范相关规定。

（9）用强风化石料或软质岩石填筑路堤时，应按土质路堤施工规定先检验其CBR值是否符合要求，若CBR值不符合要求时不得使用；若符合使用要求时应按土质筑堤的技术要求施工。

（10）高速公路及一级公路填石路堤路床顶面以下50cm范围内应填筑符合路床要求的土并分层压实，填料最大粒径不得大于10cm。其他公路填石路堤路床顶面以下30cm范围内宜填筑符合路床要求的土并压实，填料最大粒径不应大于15cm。

2. 质量保证措施

（1）填石路堤填料粒径应不大于500mm，并不宜超过层厚的2/3，不均匀系数宜为15～20。路床底面以下400mm范围内应设置碎石过渡层，过渡层碎石粒径应小于150mm，其中小于0.05mm的细粒料含量不应小于30%，必要时，宜设置土工布隔离层。路床范围应用符合要求的土填筑，填料粒径应小于100mm。

（2）填石路堤基底处理：除满足土质路堤基底处理规定外，承载力还应满足要求。若是在非岩石地基上填筑填石路堤，应按设计要求设置过渡层。

（3）填筑填石路堤应符合以下规定：

①填石路堤应采用大功率推土机和自重不小于18t的振动压实机械施工。路堤施工前应先修试验路段，确定满足规范规定孔隙率标准的松铺厚度、压实机械型号及组合、压实速度及压实遍数、沉降差等参数，以控制施工。

②路床施工前应修筑试验路段，确定能达到最大干密度的松铺厚度、压实机械型号及组合、压实速度及压实遍数、沉降差等参数。

③二级及二级以上公路的填石路堤应分层填筑压实。二级以下砂石路面公路在陡峻山坡地段施工特别困难时，可采用倾填的方式将石料填筑于路堤下部，但在路床底面以下不小于1.0m范围内仍应分层填筑压实。

④岩性相差较大的填料应分层或分段填筑，严禁将软质石料与硬质石料混合填筑。

⑤当石块级配较差、粒径较大、填层较厚、石块间的空隙较大时，可于每层表面的空隙里填入石渣、石屑及中、粗砂，再以压力水将砂冲入下部，反复数次，使空隙填满；人工铺填25cm以下石料时，可直接分层摊铺，分层碾压。

⑥填石路堤边坡高度较高时，可在边坡中部设1～3m宽度的边坡平台。采用中硬、硬质石料填筑的路堤应进行边坡码砌，码砌石料强度应大于30MPa，最小尺寸不应小于0.3m，石料应规则。码砌的厚度：填高小于或等于5m时，应不小于1m；填高5～12m时，应不小于1.5m；填高大于12m时，应不小于2m。边坡码砌宜与路基填筑基本同步进行。

⑦填石路堤上、下路堤压实质量标准：填石路堤包括分层填筑和倾填爆破石块的路堤，不能用土质路基的压实度来判定路基的密实程度。填石路堤的压实质量标准应采用空隙率作为控制指标。

⑧路基回填完成后，要进行沉降观测，当沉降量小于设计值时，方可进行路面施工。

⑨填石路堤成型后的外观质量标准：表面无明显孔洞；大粒径石料不松动，铁锹挖动困难；边坡码砌紧贴、密实，无明显孔洞、松动，砌块间承接面向内倾斜，坡面平顺，表面不得露有直径大于15cm的石块。

四、土石路堤混填施工

土石路堤是指石料含量占总质量30%～70%的土石混合材料修筑的路堤，是在山区公路路基施工中最基本、最常用的一种路堤形式。土石路堤施工的工作程序、试验路段的铺筑、路堤基底的处理等程序和方法与土质路堤施工的方法基本相同，这里不再重述。

（一）土石路堤的适用条件

（1）当路堤两端挖方为土夹石方或石夹土方，且弃方数量充足、质量与地基条件符合要求，纵向运距较适中时。

（2）经过与其他可能采用的方案进行技术经济比较后，土石路堤方案为较优方案时。

（二）相关规定和质量保证措施

1.《公路路基施工技术规范》（JTG/T 3610—2019）中的相关规定

（1）天然土石混合材料中所含石料强度大于20MPa时，石块的最大粒度不得超过压实层厚的2/3，超过的应清除；当所含石料为软质岩（强度小于15MPa）时，石料最大粒径不得超过压实层厚，超过的应打碎。

（2）土石路堤不得采用倾填方法，均应分层填筑，分层压实。每层铺填厚度应根据压实机械类型和规格确定，不宜超过40cm。

（3）压实后渗水性差异较大的土石混合填料应分层或分段填筑，不宜纵向分幅填筑。如确需纵向分幅填筑，应将压实后渗水良好的土石混合料填筑于路堤两侧。

（4）当土石混合填料来自不同路段，其岩性或土石混合比相差较大时，应分层或分段填筑。如不能分层或分段填筑，应将含硬质石块的混合料铺于填筑层的下面，且石块不得过分集中或重叠，上面再铺含软质石料混合料，然后整平碾压。

（5）土石混合填料中，当石料含量超过70%时，应先铺填大块石料，且大面向下，放置平稳，再铺小块石料、石渣或石屑嵌缝找平，然后碾压；当石料含量小于70%时，土石可混合铺填，但应避免硬质石块（特别是尺寸大的硬质石块）集中。

（6）高速公路及一级公路土石路堤的路床顶面以下30~50cm范围内应填筑符合路床要求的土并分层压实，填料最大粒径不大于10m。其他公路填筑砂类土厚度应为30cm，最大粒径不大于15cm。

2. 质量保证措施

土石路堤基底处理，除满足土质路堤基底处理规定外，在陡、斜坡地段，土石路堤靠山一侧应按设计要求做好排水和防渗处理；当填土高度不足时，宜将硬质石块按一定厚度铺筑于路堤基底并通过碾压达到设计要求，起隔离层或补强层作用。

土石路堤还应满足如下要求：

（1）土石路堤宜选用自重不小于18t的振动压实机械施工。路堤施工前，应根据土石混合材料的类别分别进行试验路段施工，确定能达到最大压实干密度的松铺厚度、压实机械型号及组合、压实速度及压实遍数、沉降差等参数，以控制施工。

（2）压实后透水性差异大的土石混合材料，应分层或分段填筑，不宜纵向分幅填筑；如确需纵向分幅填筑，应将压实后渗水性良好的土石混合材料填筑于路堤两侧。

（3）土石路堤不得倾填，应分层填筑压实。土石路堤碾压前应使大粒径石料均匀分散在填料中，石料间孔隙应填充小粒径石料、土和石渣。

（4）土石路堤中石料为中硬、硬质石料时，应进行边坡码砌，码砌边坡要求同填石路堤；若为软质石料，边坡处理同土质边坡。

（5）土石混合料填筑高等级公路时，其路床顶面以下30~50cm范围内

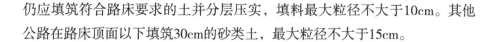

仍应填筑符合路床要求的土并分层压实，填料最大粒径不大于10cm。其他公路在路床顶面以下填筑30cm的砂类土，最大粒径不大于15cm。

五、桥涵及其他构造物处的填筑施工

"三背"回填的好坏直接关系到路面的平整度。"桥头跳车"现象是由于桥涵两端一定范围内路面相对整体下沉，产生台阶，车辆通过时跳起颠簸而产生的，挡墙背的纵向裂缝也是不均匀沉降造成的。桥梁、涵洞、挡墙为刚性体，自身压缩几乎为零；而路基属柔性体，填料就地取材，不处理，从抗变形能力即弹性模量来看，不论是轻型桥台还是重力式桥台其弹性模量均是台后填土弹性模量的千倍左右，因而两者在压缩沉降方面产生了明显差异。柔性材料对能量的吸收要比刚性材料大，故在刚柔突变处必然引起振动的突变，产生跳车。

（一）《公路路基施工技术规范》（JTG/T 3610—2019）中的相关规定

（1）回填土工作必须在隐蔽工程验收合格后进行。

（2）桥涵及其他构造物处的填料，除设计文件另有规定外，应采用砂类土或渗水性土。当采用非透水性土时，应在土中增加外掺剂如石灰、水泥等。

（3）桥涵及其他构造物处的填土，应适时分层回填压实。回填土时对桥涵圬工的强度等要求应按照《公路路基施工技术规范》（JTG/T 3610—2019）有关规定办理。

（4）桥涵填土的范围：台背填土顺路缘方向长度，顶部为距翼墙尾端不小于台高上2m；底部距基础内线不小于2m；拱桥台背填土长度不应小于台高的1/4；涵洞填土长度每侧不应小于孔径长度的1/2。

（5）桥台背后填土宜与锥坡填土同时进行。

（6）涵洞缺口填土，应在两侧对称均匀分层回填压实。如使用机械回填，则涵台胸腔部分及检查井周围应先用小型压实机械压实填好后，方可用机械进行大面积回填。

（7）涵顶面填土压实厚度大于50cm时，方可通过重型机械和汽车。

（8）挡土墙墙背填料宜选用砾石土或砂类土。墙趾部分的基坑，应及

时回填压实，并做成向外倾斜的横坡。填土过程中，应防止水的浸害。回填结束后，顶部应及时封闭。

（9）回填土应分层填筑并严格控制含水量，分层松铺厚度宜小于20cm。当采用小型夯具时，一级以上的公路松铺厚度不宜大于15cm，并应充分压（夯）实，压实标准见相关规定。

（二）质量保证措施

1. 压实施工规定

（1）采用高稳定性填料、粒料和水泥稳定土回填时，应保证填料充分压实，压实度符合要求，水泥稳定土的承载比和水泥剂量必须符合要求。埋置式桥台宜采用先填土后开挖的施工的方案，护坡及锥坡应超宽填筑不少于0.5m，然后修坡，保证坡面的压实度符合要求。

（2）宽度小于2m时，应采用小型夯实机分层夯实，层厚不超过15cm；宽度超过2m时，采用重型压路机分层压实，分层松铺厚度不超过30cm。振动压路机碾压不到的部位采用小型冲夯机分层夯实。

（3）水泥稳定类材料的压实必须在加水拌和后2h内完成，超过规定时间的填料不得使用。

（4）压实度应达到重型标准的95%，在90%的保证率下，压实度代表值应符合要求。

2. 防水及排水施工要求

（1）桥涵台背及挡土墙的墙背的粒料排水层应采用分层反开挖的施工方法施工，且施工时，不得使周围的细粒土堵塞排水层的排水通道，并满足排水要求。排水层内的水应引至路基外，必要时可在八字墙部位的排水层中加设 ϕ100mmPVC多孔透水管。

（2）桥涵基础顶面以下的部分，采用不透水的材料回填，回填时材料的强度应符合要求。挡土墙基础顶面以下的部分应按设计图纸的要求采取满砌或满浇混凝土的方法回填，图纸没有规定时，采用不低于基底强度要求的材料回填。

（3）在基础顶面及地面线附近的泄水孔底部，用厚度3cm的水泥砂浆进行封闭，以防止雨水渗入基底或继续下渗。

（4）用油漆在台背上标出每层需填筑的厚度，结构物处的填土应分层填筑，松铺厚度不得超过150mm。压实度要求从填方基底或涵洞顶部至路床顶面均为95%，分层检测时应每50m²检测一点，不足50m²时至少检验一点，且每点都应合格。

（5）在回填压实施工中，压路机达不到的地方，应使用机动夯具或工程师同意的方法压实紧密。

（6）在回填压实施工中，应对称回填压实并保护结构物完好无损。

六、高填方路堤施工

高填方路堤是指在水稻田或长年积水地带，用细粒土填筑路堤高度大于6m，在其他地带填方总高度超过18m（土质）或超过16m（石质）的路基，称为高路堤。高填方路基常见的病害有路基整体沉陷或局部沉陷、路基纵向开裂、路基滑动或边坡滑坍。

（一）高填方路堤的适用条件

（1）当路堤两端挖方弃方数量充足，材料质量及地基条件较好，纵向运距较适中时。

（2）经过与其他可能采用的方案进行技术经济比较后，高填方路堤方案为较优方案时。

（二）相关规定和质量保证措施

1.《公路路基施工技术规范》（JTG/T 3610—2019）中的相关规定

（1）按规定进行原地面清理后，如地基土的强度不符合设计要求，应按相关规定进行处理或加固。

（2）高填方路堤，应严格按设计边坡填筑，不得缺填。

（3）高填方路堤，每层填筑厚度，应根据所采用的填料，按相关规定执行。如填料来源不同，其性质相差较大时，应分层填筑，不应分段或纵向分幅填筑。

（4）高填方路堤受水浸淹部分，应采用水稳性高及渗水性好的填料，其边坡比不宜小于1∶2。

（5）半挖半填的一侧高填方基底为斜坡时，应按规定挖好横向台阶，并应在填方路堤完成后，对设计边坡外的松散弃土进行清理。

①半填半挖路基的填料应综合设计，当挖方区为土质时，应优先采用渗水性好的材料填筑，对挖方区路床0.8m范围土质进行超挖回填碾压，并在填挖交界处路床范围铺设土工格栅；当挖方区为坚硬岩石时，宜采用填石路堤。

②当地表斜坡陡于1：2.5时，应根据地形地质条件，在路堤边坡下方设置支挡工程。

③根据地下水出露情况和岩土性质，设置完善的地下排水系统，除在边沟下设置纵向渗沟外，还应在填挖之间设置横向或纵向渗沟。

（6）纵向填挖交界处应设置过渡段，土质地段过渡段宜采用级配较好的砾类土、砂类土、碎石填筑，岩石地段过渡段可采用填石路堤。

（7）路堤与路堑连接处，应设置过渡段。可采用下列设置方式：

当路堤与路堑连接处为坚硬岩石路堑时，在路堑一侧顺原地面纵向开挖台阶，台阶高度0.6m左右，并应在路堤一侧设置过渡段。

2. 质量保证措施

（1）针对高填方路堤应进行地质补探，掌握其地质层理、节理、断层及了解有无地下水或其分布情况，并按规范要求进行特殊设计。高边坡设计应规定相应的填料，如设计没有验算其稳定性、地基承载力或沉降量等项目时，应向有关部门提出补做，确保工程质量。

（2）路基若通过耕地，施工时必须做填前碾压，如果有机质含量和其他杂物多而不易压实，应换填土；如果地基为松软土，通过对原地进行常规的填前碾压不能满足稳定和沉降要求时，要向监理工程师提出对软弱土进行加固处治。

（3）高填方路堤的填料。在分层填筑时，应逐层整平碾压，并按规范进行操作；应通过试验段确定机具配备、洒水量、适宜的松铺系数和相应的碾压遍数。

（4）施工和监理严格遵照有关规章制度进行，不盲目地赶工期，抢进度。施工单位应配备完善的施工组织和质量检验体系，专业人员持证上岗。在压实过程中，施工单位自检人员应按规定的频率逐层检查路基的压实度。

（5）路基施工应超宽填筑，超宽碾压。一般较设计宽度每侧超宽不小于30cm，以确保边坡密实；路基亏坡，整修时开台阶，分层填筑压实，严禁贴补，确保路基的整体性和边坡密实。每层填筑上料前要根据设计边坡线实地放出路堤填筑边坡。

（6）高填方路堤应选择水稳性好、干密度大、承载能力高的砾石类土填筑路基为宜。土质应均匀一致，不得混杂，剔除超大颗粒，保证各点密实度均匀一致，尽量选择集中取土，避免沿线取土（沿线取土一般不能保证路基填料的均匀性，导致路基强度不均匀，同时也破坏了自然植被，对沿线环境不利）。

第二节 路基压实施工

一、土质路基的压实

（一）路基压实的目的

路堤填筑所用的土或者路堑开挖形成路基表面的土，由于开挖扰动破坏了土体原来紧密的状态，致使结构松散，颗粒间需要重新密实组合。为了使路基具有足够的强度与稳定性，必须予以压实，以提高其密实程度，因此，路基的压实工作是路基施工过程中的一项重要工序。土是三相体，土粒为骨架，颗粒之间的孔隙为水分和气体所占据。土质路基的压实过程，其本质上是土体在压力作用下，克服土颗粒间的内聚力和摩擦力，使原有结构受到破坏，固体颗粒重新排列，大颗粒之间的间隙被小颗粒填充，变成密实状态，达到新的平衡。压实的目的在于使土粒重新组合，彼此挤紧，孔隙缩小，土的密度提高，形成密实整体，最终达到强度增加、稳定性提高。大量的试验和工程实践已经证明：土基压实后，路基的塑性变形、渗透系数、毛细水上升及隔温性能等，均有明显改善。

路基压实状况通常用压实度来表征，这里应注意的是，压实度与另一个概念——密实度容易产生概念上的混淆。密实度也称理论密实度，是指单位体积内固体颗粒排列的紧密程度，即土的固体体积率越大，土的干密度也越大，所以，有时也用干密度来表示土的密实度。但在物理意义上是有区别的。压实度是指土压实后的干密度与标准的最大干密度之比，用百分率表示，也称干密度系数，或相对密实度。所谓标准的最大干密度，是指用标准击实试验方法，在最佳含水率条件下得到的干密度。

（二）影响路基压实效果的主要因素

影响路基压实效果的因素是多方面的，有内因也有外因，内因指土质与湿度，外因指压实功能（如机械性能、压实时间与速度、土层厚度）及压实时外界自然和人为的其他因素等，下面就影响压实效果有关的主要因素进行讨论：

1. 土的含水率

压实开始时，原状土相对湿度低，土颗粒之间的内摩阻力大，因而外力难以克服，故压实的干密度小，表现出土的强度高、密度低；当相对湿度缓慢增加时，水分在土粒间起润滑作用，压实的结果是被压材料（土粒）得以重新调整其排列位置，达到较紧密的程度，表现出密度增大，但与此同时，由于水的作用，内摩阻力有所减小，因而强度继续下降；当含水率继续增加，超过压实曲线顶点的最优值时，水的润滑作用已经足够，若水分过多，使起润滑作用以外的多余水分进入土粒孔隙中，反而促使土粒分离而不易得到良好的压实效果，从而降低了土的干密度；又由于土粒间距增大，内摩阻力与黏结力减小，使土的强度也随之减小，在压实曲线中出现驼峰形式，即在一定功能的压实作用下，含水率的变化会导致土的干密度随之变化，在某一含水率下，干密度达到最大值。各种土的最佳含水率大小不同，一般来说，土在天然状态下的含水率值很接近最佳含水率值，因此在施工作业中，新卸堆土应当立即推平压实。

2. 土的性质

不同的土质，有着不同的最佳含水率及最大干密度，不同土质的压实性能差别较大，一般来说，非黏性土的压实效果较好，而且最佳含水率较小、最大干密度较大，在静力作用下，压缩性较小；在动力作用下，特别是在振动作用下很容易被压实。黏质土、粉质土等分散性土的压实效果较

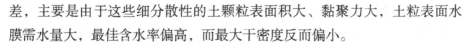

差，主要是由于这些细分散性的土颗粒表面积大、黏聚力大，土粒表面水膜需水量大，最佳含水率偏高，而最大干密度反而偏小。

3.压实功能

压实功能（指压实工具的重量、碾压遍数、作用时间等）是对压实效果的影响，是上述之外的又一重要因素。同一种土的最佳含水率随着压实功能的增大而减小，最大干密度则随着压实功能的增大而提高；在相同含水率条件下，压实功能越高，土的密实度越高。据此规律，工程实践中可以增加压实功能（如选用重碾，增加碾压遍数或延长作用时间等），以提高路基土的干密度或降低最佳含水率，但必须指出，用增加压实功能的方法来提高土基强度的效果，有一定的限度。压实功能增加到一定限度以上时，其效果的提高就会变得缓慢，这样在经济效益和施工组织上不尽合理。事实上，对任何一种土，当密实度超过某一限值时，想要继续提高它的密实度，降低含水率值，往往需要增加很大的压实功能，而过分加大压实功能，不仅密实度增加幅度小，而且往往因所加荷载超过土的抵抗力，即土受压部位承受压力超过土的极限强度，从而导致土体破坏。另外，相对应压实时的含水率减少，获得的密实度经受不住水的影响，即水稳定性变差。相比之下，严格控制最佳含水率，要比增加压实功能收效大得多。当含水率不足，洒水有困难时，适当增加压实功能可以见效；但如果土的含水率过大，此时再增加压实功能必将出现"弹簧"现象，即压实效果很差，造成返工浪费。

4.碾压时的温度

在路基碾压过程中，温度升高可使被压土中水的黏滞度降低，从而在土粒间起润滑作用，易于压实，但气温过高时又会由于水分蒸发太快而不利于压实。温度低于0℃时，因部分水结冰，产生的阻力更大，起润滑作用的水更少，所以也得不到理想的压实效果。

5.压实土层的厚度

土受压时，均匀变形的深度（有效压实深度）近似地等于2倍的压模直径或2倍的压模与土接触表面的最小横向尺寸；超过这个范围，土受到的压力急剧变小，并逐渐趋于零，可认为此时土的密实度没有变化。如钢筒式压路机碾压土时沿垂直方向的压力分布（此时轮子与土的接触面是一个宽度很小的矩形，其宽度可视为压模的最小横向尺寸），当深度大于最小横向尺寸时，传至此处的压力已经很小，不起压实作用。由此可知，土所受的外力作用随深度增加而逐渐减弱，当超过一定范围时，土的密实度将与未碾压时相同，这个有效的压实深度（产生均匀变形的深度）与土质、含水率、压实机械的构造特征等因素有关，所以正确控制碾压铺层厚度，对于提高压实机械生产率和填筑路基质量十分重要。

6. 地基或下承层强度

在填筑路堤时，若地基没有足够的强度，路堤的第一层难以达到较高的压实度，即使采用重型压路机或增加碾压遍数，也只能是事倍功半，甚至使碾压土层发生"弹簧"现象。因此，对于地基或下承层强度不足的情况，填筑路堤时通常采取以下措施处理：

（1）填筑路堤之前，应先碾压地基。

（2）若地基有软弱层，则应用沙砾（碎石）层处理地基。

（3）路堑处路槽的碾压，应先铲除30～40cm原状土层并碾压地基后，再分层填筑压实。

7. 压实机具和碾压方法

压实机具和碾压方法对压实效果的影响体现在以下两个方面：

（1）压实机具不同，压力传布的有效深度也不同。一般来说，夯击式机具的压力传布最深，振动式次之，碾压式最浅，根据这一特性即可确定各种机具的最佳压实度。然而，同一种机具的压实作用深度在压实过程中并不是固定不变的，如钢筒式压路机，开始碾压时，因土体松软，压力传布较深，但随着碾压次数的增加，上部土层逐渐密实，土的强度相应提高，其作用深度就逐渐减小了。

（2）压实机具的质量较小时，碾压遍数越多（时间越长），土的密实度越高，但密实度的增长速度则随碾压遍数的增加而减小，并且密实度的增加有一个限度，达到这个限度后，继续以原来的施压机具对土体增加压实遍数则只能引起弹性变形，而不能进一步提高密实度（从工程实践来看，一般碾压遍数在小于或等于6遍时，密实度增大明显，6～10遍时增长较慢，10遍以后稍有增长，20遍后基本不增长）。压实机具较重时，土的密实度随碾压遍数增加而迅速增加，但超过某一极限后，土的变形急剧增

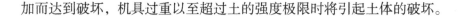

加而达到破坏，机具过重以至超过土的强度极限时将引起土体的破坏。

（三）压实标准与碾压控制

1. 压实标准

压实标准包括两个方面：一是确定标准干密度的方法；二是要求的压实度。关于标准干密度的确定方法，过去沿用的"标准击实试验"是一种轻型击实方法，其试验结果与现代化施工机械能力和车辆载荷不相适应，目前推行的主要是与国外公路压实要求相同的重型击实试验法。土的最大干密度是土压实的主要指标，与路基的强度和稳定性有密切的关系，一般作为压实质量评价的依据。在路基压实施工中，由于受各种因素（气候、土的天然含水率等）的影响和限制，所施工路基的实际干密度不能达到室内重型击实试验求得的最大干密度，应予以适当降低。

2. 路基压实工作的控制与检验

（1）确定不同种类填土的最大干密度和最佳含水率。公路是带状构造物，一条公路往往连绵数十千米甚至上千千米，用于填方路基的沿线土石材料的性质往往发生较大变化。在路基填筑施工之前，必须对主要取土场（包括挖方利用方）采取代表性土样，进行土工试验，用规范规定的方法求得各个土场土样的最大干密度和最佳含水率，以便指导路基的压实施工。

（2）检查控制填土含水率。由于含水率是影响路基土压实效果的主要因素，故需检测欲填入路基中的土的含水率，只有当含水率接近最佳含水率时，填筑碾压的质量才有保证。

3. 正确选择和使用压实机械

（1）压实机械的类型和数量选择是否恰当，直接关系到压实质量和工效。土基压实机具的类型较多，大致上分为碾压式、夯击式和振动式三大类型。选择时应综合考虑以下三点。

①土的性质、状态。不同的压实机械对不同土质的压实效果不同，如对砂性土，振动式机械效果最好，夯击式次之，碾压式较差；对黏性土，碾压式和夯击式较好，而振动式较差甚至无效。压实机械的单位压力不应超过土的强度极限，否则会引起土基破坏。选择机械时，还应考虑土的状

态及对压实度的要求。一般来说，土的含水率小、压实度要求高时，应选择重型机械；反之，可选轻型机械。

②压实工作面。当工作面较大时，可采用碾压机；较狭窄时，宜用夯实机械。

③机械的技术特性与生产率。选择机械类型、确定机械数量时，应考虑与其他工序的配合，使机械的生产能力互相适应。

（2）为了能以尽可能小的压实功效获得良好的压实效果，在压实机械的使用上应注意以下两点：

①压实机械应先轻后重，以便能适应逐渐增长的土基强度。

②碾压速度宜先慢后快，以免松土被机械推走，形成不适宜的结构，影响压实质量，尤其是黏性土，高速碾压时压实效果明显下降。通常压路机进行路基压实作业时，行驶速度在4km/h以内为宜。此外，在路基土的压实中，除了运用不同性能的各种专用压实机械外，还应特别注意尽可能利用其他土方施工机械和运输车辆进行分层压实，有计划、有组织地利用运土车辆碾压填方土料。施工中要注意采用合理的技术措施，一般应控制填土厚度为0.25～0.30m，并用推土机或平地机细致平土，控制合适的含水率；同时，还要在机械的运行线路上使各次行程能大体均匀地分布到填土土层表面，以保证土层表面全部被压到。

4. 分层填筑、分层碾压

（1）分层填筑。一方面，要把握每层填土厚度的大小，填土层厚度过大，其深部不能获得要求的压实度；填土层厚度过小，会影响工作效率和经济效益。一般认为，对于细粒土，用12～15t光轮压路机时，压实厚度不得超过25cm；用22～25t振动压路机时（包括液压振动），压实厚度应不超过60cm；另一方面，每层填土应平整，且自中线向两边设置2%～4%的横向坡度，并及时碾压，雨期施工时更应注意。

（2）分层碾压。碾压前应对填土层的松铺厚度、平整度和含水率进行检查，符合要求后方可进行碾压。分层碾压的关键是控制碾压遍数，有条件的情况下可通过试验性施工来确定达到设计密实度所需的碾压遍数。在施工中，当含水率为最佳含水率时，还可采用下列经验值：对低黏性土，压实所需的碾压遍数平均为4～6遍；对黏性土，压实所需的碾压遍数平均

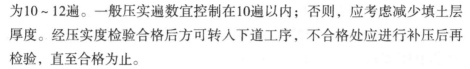

为10～12遍。一般压实遍数宜控制在10遍以内；否则，应考虑减少填土层厚度。经压实度检验合格后方可转入下道工序，不合格处应进行补压后再检验，直至合格为止。

5. 加强质量检查

（1）填方地段基底。路堤填筑前应对基底进行压实，高速公路、一级公路和二级公路路堤基底的压实度不应小于85%，当路堤填土高度小于路床厚度（80cm）时，基底的压实度不宜小于路床的压实标准。

（2）路堤。每一压实层均应检验压实度，合格后方可填筑其上一层；否则，应查明原因，采取措施进行补压。检测频率为1000m²且至少检测2点，必要时可根据需要增加检测点，每个点都必须符合规定值。路床顶面压实完成后，还应根据《公路路基设计规范》（JTG D30—2015）进行弯沉值检验。

（3）路堑路床。零填基路堑路床的压实应符合其压实标准的规定。换填超过3m时，按90%的压实标准控制。

（4）桥涵处填土。桥台背后、涵洞两侧与顶部、锥坡背后的填土均应分层压实，分层检查，检查频率为每50m²检验1点，不足50m²时至少检验1点，每点都应合格，每一压实层松铺厚度不宜超过20cm。高速公路和一级公路的桥台、涵身背后和涵洞顶部的填土压实度，从填土基底或涵洞顶部至路床顶面均为95%，其他公路为93%，以确保不因密实度不足而产生错台，影响行车速度与安全。桥涵处填土的压实采用小型的手扶振动夯或手扶振动压路机，但涵顶填土50cm内应采用轻型静载压路机压实，以达到规定的压实度。

二、填石路堤、土石混填路堤及高填方路堤的压实

（一）填石路堤

（1）压实标准。填石路堤不能用土质路基的压实度来判定路基的密实程度，其判定方法目前国内外尚无统一规定。国外填石路堤曾采用在振动压路机驾驶台上装设压实计反映的计数值来判定是否达到要求的紧密程度，但无定量值的规定，且只限于设有此种装置的压路机。我国现行《公

路路基施工技术规范》（JTG/T 3610—2019）规定：对于填石路堤施工过程中的每一压实层，应采用试验路段确定的工艺流程和工艺参数控制，用试验路段确定的沉降差指标检测压实质量。

（2）压实方法及检查。填石路堤在压实之前，应用大型推土机摊铺平整。个别不平处应人工配合以细石屑找平，使石块之间无明显高差台阶才能便于压路机碾压，或使夯锤下坠到地面时，受力基本均匀，不会使夯锤倾倒。填石路堤填料石块本身是密实的，不能压缩，压实工作可使各石块间松散接触状态变为紧密咬合状态。由于石块块径较大、质量较大，故必须选择工作质量在12t以上的重型振动压路机、工作质量在2.5t以上的夯锤或25t以上的轮胎压路机压实，才能达到规定的密实状态。填石路堤应先压两侧后压中间，对于轮碾，其压实路线应纵向互相平行，反复碾压。夯锤的压实路线应呈弧形，当夯实密实程度达到要求后，再向后移动一夯锤位置。行与行之间应重叠40～50cm，前后相邻区段应重叠1.0～1.5m，其余注意事项与土质路基压实相同。填石路堤使用各种压实机具时的注意事项与压实填土路基相同，而填石路堤压实到所要求的紧密程度所需的碾压或夯压的遍数应经过试验确定。采用重锤夯实时，当重锤下落而路堤不下沉，垂锤反而发生弹跳现象时，可进行压实度检验。在填石路堤顶面至路床顶面30～50cm（高速公路、一级公路为50cm，其他公路为30cm）范围内，应填筑符合路床要求的土，并按要求进行压实。

（二）土石混填路堤

土石混填路堤的压实方法与技术要求，应根据混合料中巨粒土的含量多少确定。当混合料中巨粒土含量大于70%时，其压实作业接近于填石路堤，应按填石路堤的方法和要求进行；当混合料中巨粒土的含量低于50%时，其压实作业接近于填土路堤，应按前述填土路堤的方法和要求进行。土石路堤的压实度可采用灌砂法或水袋法检测，其标准干密度应先根据每一种填料不同含石量的最大干密度做出标准干密度曲线，然后根据从试坑中挖取试样的含石量，从标准干密度曲线上查出对应的标准干密度。当采用灌砂法或水袋法检验有困难时，可根据填石路堤的方法进行检验，即通过12t以上振动压路机压实试验。当压实层顶面稳定不再下沉（无轮迹）

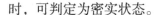

时，可判定为密实状态。

（三）高填方路堤

高填方路堤的基底承受路堤土本身的荷载很大，因此对基底应进行场地清理，并按照设计要求的基底承压强度进行压实。设计无要求时，基底的压实度不应小于90%。当地基松软仅依靠对厚土压实不能满足设计要求的承压强度时，应进行地基加固处理，以达到设计要求；当基底处于陡峻山坡上或谷底时，应做挖台阶处理，并严格分层填筑压实；当场地狭窄时，压实工作应采用小型手扶式振动压路机或振动夯进行；当场地较宽广时，应采用自行式12t以上的振动压路机碾压。

三、路基压实机械的种类及原理

（一）路基压实机械的种类

根据压实功能作用原理的种类不同，土石方压实机械可分为静力压实机械、振动压实机械和冲击压实机械三类。其中静力压实机械又可分为光面压路机、羊足碾和轮胎压路机；振动压路机又可分为自行式振动压路机和拖式振动压路机。在光面压路机中，三轮光面压路机的吨位较大，多用于基层的压实；二轮光面压路机用于路基与路面的压实。羊足碾的单位压力较大，多用于填土或路基的初压工作，特别是对含水量较大、土颗粒大小不等的黏性土，压实效果比较好。轮胎式压路机是以充气轮胎对铺筑材料进行压实，它可以用增加配重方法改变每个轮胎的负荷，从而改变轮胎内压使接触应力发生变化。因此，轮胎式压路机能适应各种土壤的压实，应用范围广泛，压实深度大，压实效果好。由于轮胎对被碾压材料有一种揉压作用，使其在压实沥青路面时更具有优越性。

振动压路机是利用机械高频率的振动对土层起压实作用。在非黏性土中作振动碾压时，土层跟着压路机的频率产生强烈振动，使土颗粒之间彼此分离，大大减小了土颗粒间的摩擦力；同时，土颗粒在压力机的冲击压力作用下，产生位移，相互挤紧，直到土壤空隙最小、密度最大为止。振动压路机对黏性土的压实效果较差。

冲击压实机械施工会产生的高能量，能够充分增大饱和土壤的孔隙压力，在有排水通道的情况下，加速水的消散，在应用冲击压实机械对需要处理的地段进行压实，能够大幅度缩短固结的时间。由于冲击压实具有的高能量，可对填料的含水量范围要求适当放宽。利用冲击压实作用大，作用深度深的优点，可以对原地基进行压实，大大提高原地基的土壤强度，节省费用。在碾压过程中，上表层将有100mm厚的土粒和土块被碾角翻松卷起，起到水平揉搓和相邻铺层之间的紧密渗透和联结作用，被翻松的表层与新铺层将彼此渗透混合，压实后整体性更好，不容易出现裂纹。

（二）路基土体压实的原理

压实是指通过施加外力，增大某种填筑材料的密度。在一般情况下，土的结构是由固相的土颗粒、气相的空气和液相的水组成。路基土体压实的原理，在各种不同外力的作用下，按压实机械功能作用种类不同，可分为静压作用、冲击作用和振动作用。

1. 静压作用

凡是依靠机械自重（如压路机）对土体进行密实的方法，则为静压作用。在开始碾压时，由于土体处于松散状态，很容易被压缩，从而产生较大的塑性变形，随着碾压遍数的增加，压实度不断提高，土体变得越来越密实且有弹性，此时土颗粒之间的摩阻力阻止土颗粒发生位移。

2. 冲击作用

将一定质量的物体（如夯板）提升至一定高度，然后使其自由下落产生一定的冲击力，对土体进行冲击压实。冲击荷载比静压荷载对土体产生更大的作用力，其产生的冲击波从表面传至土层内，从而使土颗粒产生运动，在土层深处也产生较大的压力。因此，冲击作用比静压作用对土体的压实效果好。

3. 振动作用

振动压路机用快速、连续的冲击力作用于土体表面，每次冲击给地表下土体一个压力波，多次连续冲击从而形成接连不断的压力环，使土体颗粒处于运动状态，并使土体颗粒间的摩擦力被消除。此时，在压路机自重和冲击压力波的作用下颗粒相互发生位移、相互产生挤压，从而使土体密实度提高。

事实上，土体中的颗粒间还存在一定的黏聚力，而且随着颗粒的减小而迅速提高，因此，对黏性土的压实还必须克服土体颗粒间的黏聚力。振动压实是路基土体压实中提倡应用的方法，一般常选用振动压路机。在采用振动压实时，要达到预期的压实效果主要取决于以下两个因素：要使土体内颗粒之间处于运动状态，颗粒间的内摩擦力被消除，为土体的有效压实创造条件；振动压路机要对土体产生较大的压应力和剪应力。

第三节 挖方路基施工

一、挖方路基施工的一般规定

（1）挖方路基在正式施工前应做好下列准备工作：复查施工组织设计是否合理、可行；根据工程实际核实或编制调整土方调运图表；对施工现场范围内按规定进行认真清理；开挖前应按"施工测量"的规定，以桩标明施工轮廓。

（2）路基在开挖前应对沿线土质进行检测试验，对于采用的挖方、借土场和料场的填料，应根据现行行业标准《公路土工试验规程》（JTG 3430—2020）中的规定，进行填料的液限、塑限、塑性指数、液性指数、颗粒大小分析和含水量、密度、相对密度、土的击实和强度等试验。

（3）路堑的排水设施应按下列规定办理：①在路堑开挖前做好截水沟，并根据土质情况做好防渗工作，土方工程施工期间应修建临时排水设施；②临时排水设施应与永久性排水设施相结合，流水不得排入农田和耕地，防止污染自然水源，也不得引起淤泥和冲刷。

（4）根据批准的施工组织设计，做好施工机械配套和维修，勘察好挖方弃土的路线和地点，科学合理地安排施工进度。

二、土方路堑的开挖施工

土方路堑的开挖应遵照下列要求：为充分发挥各类土的作用，对已开挖的适用于种植草皮和其他用途的表土，应储存于指定的地点，不得与填料混在一起。根据土方试验结果，对开挖出的适用的材料，应当用于路基的填筑，各类材料不应混杂，不适用的材料应按相应规定办理。土方开挖时，不论开挖工程量和开挖深度大小，均应按照自上而下的顺序进行，不得乱挖和超挖，严禁采取掏洞取土，在不影响边坡稳定的情况下采用爆破方法施工时应当经过专门设计，并报有关部门审批。在土方路堑开挖施工的过程中，如遇土质变化需要修改施工方案及边坡坡度时，应及时报批，必须经过有关部门批准。因受冬季或雨季的影响，在挖出的冻土或含水量大的土方，不能及时用于填筑路堤时，应按特殊季节施工有关规定办理。

如路堑路床的表层下为有机土、难以晾干压实的土、路基填方材料最小强度小于规定数值和不适宜作路床的土则均应清除换填符合规定的土。土方路基开挖如遇到特殊土质时，应按照特殊地基的有关规定办理。在确定挖方路基的施工标高时，应考虑到因压实所产生的下沉量，其数值应由试验进行确定。

土方路堑的开挖，根据路堑的深度和纵向长度可按下列方式进行。

（1）横向挖掘法：以路堑整个横断面的宽度和深度，从一端或两端逐渐向前开挖的施工方法称为横向挖掘法。横挖法一般适用于短而深的路堑，在采用横挖法时可按下列方式进行：

①采用人力按横挖法挖掘路堑时，可在不同高度分成几个台阶开挖，其深度应根据工作与安全而定，一般宜为1.5～2.0m；无论自两端一次横挖到路基标高，还是分台阶进行横挖，都要均应设单独的运土通道及临时排水沟。

②采用机械按横挖法挖掘路堑且弃土（或以挖作填）运距较远时，宜用挖掘机配合自卸汽车进行，每层的台阶高度可增加到3～4m，其余的要求与人力开挖路堑相同。

③土方路堑横挖法也可用推土机进行开挖。如果弃土（或以挖作填）运距超过推土机的经济运距时，可用推土机堆积，再用装载机配合自卸汽车运土。

④采用施工机械开挖路堑时，边坡处应配以平地机或人工分层修刮平整。

（2）纵向挖掘法：沿路堑全宽以深度不大的纵向分层挖掘前进的施工

方法称为纵向挖掘法。纵向挖掘法适用于较长的路堑开挖，根据开挖的方式不同，又可分为通道纵挖法和分段纵挖法。

①通道纵挖法。如果先沿路堑纵向挖掘一个通道，然后将通道向两侧进行拓宽，上层通道拓宽至路堑边坡后，最后开挖下层通道，如此向纵深开挖至路基标高的开挖方法，称为通道纵挖法。这种开挖方法适用于路堑较长、较深，两端地面纵坡较小的路堑开挖。

②分段纵挖法。如果沿路堑纵向选择一个或几个适宜处，将较薄一侧堑壁横向挖穿，使路堑分成两段或数段，各段再纵向进行开挖的方法，称为分段纵挖法。这种开挖方法适用于路堑过长，弃土运距过远的傍山路堑，其一侧堑壁不厚的路堑开挖。

（3）混合挖掘法：当路线纵向长度和挖深均很大时，宜采用混合挖掘法进行开挖，即将横向挖掘法与通道挖掘法混合使用。先沿路堑纵向挖通道，然后沿横向坡面挖掘，以增加开挖坡面。每一坡面应设一个施工小组或一台机械作业。

（4）开挖边沟、修筑路拱、刷刮边坡、整平路基表面时，宜采用平地机配合其他土方机械作业。

边沟与截水沟的开挖应符合下列规定：

①边沟、截水沟及其他引、截排水的设施位置、断面尺寸及有关要求，应严格按照设计图纸的规定进行施工。在土方路堑开挖前，应先做好这类排水设施，其出口应通至桥涵的进出水口处。截水沟不应在地面坑凹处通过，必须通过时应按路堤填筑要求将凹处填平压实，然后再进行开挖，并防止出现不均匀沉陷和变形。

②平曲线外边沟沟底的纵坡，应与曲线前后的沟底相衔接。曲线内侧不得有积水或水外溢现象发生。

③路堑和路堤交接处的边沟，应缓缓引向路堤两侧的天然沟或排水沟，不得冲刷路堤，路基坡脚附近不得积水。

④所有排水沟应从下游出口向上游开挖，所有排水沟和截水沟设施应满足下列要求：沟基应当进行加固处理，严禁将排水沟挖筑在未加处理的弃土上。沟形应当比较多规则、整齐，沟坡、沟底比较平顺，无大的起伏变化，沟内清理比较彻底，无浮土杂物。在进行沟水排泄时不得对路基产

生危害。截水沟的弃土应用于路堑与截水沟间筑土台时，应当分层压实或夯实。台顶设2%倾向截水沟的横坡，土台边缘坡脚距堑顶的距离不应小于设计规定，当设计上无规定时可按照"弃土处理"的规定办理。

在路堑的施工过程中，如果遇到地下水时，应按下列规定处理。挖方地段遇到地下含水层时，应根据地基排水的原则规定，结合现场实际按"地基排水"有关规定执行。当路堑路床顶部以下位于含水量较多的土层时，应换填透水性良好材料，换填深度应满足设计要求，并整平凹槽底面，设置渗水沟，将地下水引出路基外，再分层回填压实。弃土处理除按有关的规定办理外，还应符合下列规定：在开挖路堑弃土地段前，应根据施工现场的具体情况，提出弃土的施工方案报有关单位批准后实施，该施工方案应包括弃土方式、调运方案、弃土位置、弃土形式、坡脚加固处理方案、排水系统的布置及计划安排等方面，施工中方案改变时，应上报批准单位进行复查。弃土堆的边坡不应陡于1：1.5，顶面向外应设不小于2%的横坡，其高度不宜大于3m；路堑旁的弃土堆，其内侧坡脚与路堑顶之间的距离，对于干燥硬土不应小于3m，对于软湿土不应小于路堑深度加5m。在山坡上侧的弃土堆应连续而不中断，并在弃土前设置截水沟；山坡下侧的弃土堆应每隔50～100m设不小于1m的缺口排水，弃土堆的坡脚应进行防护加固。严禁在岩溶漏斗处、暗河口处、贴近桥墩台处弃土。

三、石方路堑的开挖施工

（1）开挖石方应根据岩石的类别、力学强度、风化程度和节理发育程度等信息确定开挖方式。对于软石和强风化岩石，能用机械直接开挖的均应采用机械开挖，不能采用机械者也可人工开挖。凡不能使用机械或人工直接开挖的石方，则应采用爆破法开挖。

（2）在石方需用爆破法开挖的路段中，如空中有缆线，应查明其平面位置和高度；还应调查地下有无管线，如果有管线，应查明其平面位置和埋设深度；同时应调查开挖边界线以外的建筑物结构类型、完好程度、距开挖界的距离，然后制定爆破方案。任何爆破方案的制定，都必须确保空中缆线、地下管线和施工区边界处建筑物的安全。

（3）进行爆破作业时，必须由经过专业培训并取得爆破证书的专业人员施爆，非专业人员不得随意操作。

（4）根据确定的爆破方案，进行炮眼位置、炮孔深度和装药量的设计，其设计图纸和资料应报送有关部门进行审批。

（5）根据设计的炮眼位置和炮孔深度打眼，当工程量较小、施工工期允许时，可采用人工打眼；当工程量较大、施工工期较紧时，应采用机械打眼。

（6）公路石方开挖，应充分重视挖方边坡的稳定，一般宜选用中小型爆破；开挖风化较严重、节理发育或岩层产状对边坡稳定不利的石方，宜选用小型排炮微差爆破，小型排炮药室距设计边坡线的水平距离，不应小于炮孔间距的1/2。

（7）采用爆破泫开挖石方时，应按以下程序进行：施爆区管线调查→炮位设计与设计审批→配备专业施爆人员→用机械或人工清理施爆区覆盖层和强风化岩石→钻炮孔→爆破器材。检查与试验→炮孔检查与废渣清除→装药并安装引爆器材→布置安全岗和施爆区安全员→炮孔堵塞→撤离施爆区和飞石、强地震波影响区内的人畜→起爆→清除瞎炮→解除警戒→测定爆破效果。

（8）当岩层走向与公路路线走向基本一致，倾角大于15°，且倾向公路或者开挖边界线外有建筑物，施爆可能对建筑物地基造成影响时，应在开挖层边界、沿设计坡面打预裂孔，预裂的孔深同炮孔深度，但孔内不装炸药和其他爆破材料，孔的距离不宜大于炮孔纵向间距的1/2。

（9）为减少对爆破边坡的振动，开挖层靠近边坡的两列炮孔，特别是靠边缘的一列炮孔，宜采用减弱松动爆破。

（10）开挖边坡外有必须保证安全的重要建筑物，在采用减弱松动爆破也不能确保建筑物安全时，应采用人工开凿、化学爆破或控制爆破。

（11）在石方开挖区应注意施工排水，在纵向和横向形成坡面开挖面，其坡度应满足排水要求，以确保爆破出的石料不受积水浸泡。

四、深挖路堑的开挖施工

（1）当路堑边坡的高度等于或大于20m时，称其为深挖路堑。深挖路堑的施工准备工作，根据土石类别按相应规定办理。

（2）施工前应详细复查设计文件所确定的深挖路堑地段的工程地质资料及路堑边坡，并收集了解土石界限、工程等级、岩层风化厚度、破碎程度、岩层工程特征；当路堑为砂类土时，应了解其颗粒级配、密实程度和稳定性；当路堑为细粒土时，应了解其含水量和物理力学性质，以及不良地质情况、地下水及其存在形式等。应根据详细了解的工程地质情况、工程量大小和施工工期等，编制施工组织设计，并据以配备适当的机械设备、数量和劳动力。

（3）如果设计文件中的工程地质资料缺乏或严重不足，不能据以编制施工组织设计时，宜进行工程地质的补探工作；对于高速公路和一级公路补做工程地质勘探时，应以钻探为主。根据补做钻探所得工程地质资料而确定的技术方案，应报请批准后实施。

（4）深挖路堑的边坡应严格按照设计坡度施工。如果边坡实际土质与设计勘探的地质资料不符，特别是实际土质比设计中的土质松散时，应向有关方面提出修改设计的意见，经批准后实施。

（5）当施工土质边坡时，宜每隔6～10m高度设置平台，平台的宽度对于人工施工的不宜小于2m；对于机械施工的不宜小于3m。平台表面横向坡度应向内倾斜，坡度一般为0.5%～1.0%；纵向坡度宜与路线纵坡平行。平台上的排水设施应与整个排水设施连通。

（6）在深挖路堑的施工过程中，如果修建平台后边坡仍不能稳定或大雨后会产生坍塌时，应考虑修建砌石护坡，在边坡上种植草皮或做挡土墙。

（7）在施工过程中边坡上渗出地下水时，应根据地下水渗出的位置、流量、流速等情况，按照有关施工规范规定，修建地下水排除设施。

（8）土质单边坡深挖路堑的施工方法，宜采用"土方路堑的开挖"中的多层横向全宽挖掘法施工。

（9）土质双边坡深挖路堑的施工方法，宜采用"土方路堑的开挖"中的分层纵挖法和通道纵挖法。如果路堑纵向长度较大，一侧边坡的土壁厚度和高度不大时，可采用分段纵挖法。施工机械可采用推土机或推土机配合铲运机。当弃土运距超过铲运机的经济运距时，可采用挖掘机配合自卸汽车作业，或者采用推土机、装载机配合自卸汽车作业。

（10）土质深挖路堑，无论是单边坡还是双边坡，均应按照"土方路堑的开挖"中的规定开挖,靠近边坡3m以内禁止采用爆破法炸土施工。在距边坡3m以外准备采用爆破法施工时,应进行周密设计,防止炸药量过多,并应报请有关部门批准。

（11）石质深挖路堑,当地形和石质情况不符合采用"大爆破"的规定时,禁止使用大爆破施工方案。

（12）单边坡石质深挖路堑的施工,宜采用深粗炮眼、分层、多排、多药量、群炮、光面、微差爆破方法。

第四节 轻质填料路基施工

一、粉煤灰路堤施工

粉煤灰又称为烟灰,其外观为灰白色的粉末,是从煤燃烧后的烟气中收集的细灰,主要是燃煤电厂排出的固体废料,主要成分为SiO_2、Al_2O_3、Fe_2O_3、CaO等氧化物。随着电力工业的发展,燃煤电厂的粉煤灰排放量逐年增加,已成为当前排量较大的工业废渣之一。

（一）粉煤灰路堤的结构

粉煤灰路堤一般由路堤主体部分、护坡、封顶层（黏土或其他材料）、包边土、隔离层和排水系统组成。

（二）粉煤灰路堤的材料要求

1. 粉煤灰

用于高速公路、一级公路路堤的粉煤灰,烧失量宜小于20%;烧失量超过标准的粉煤灰应做对比试验,经分析论证后方可采用。粉煤灰的粒径宜为0.001~1.180mm,小于0.075mm的颗粒含量宜大于45%,粉煤灰中不得含团块、腐殖质及其他杂质。

2. 包边土

包边土和封顶层的填料宜采用塑性指数不小于12的黏性土。隔离层和土质护坡中的盲沟所用的沙砾料、矿渣料等的最大粒径小于75mm,4.75mm

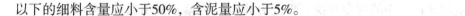

以下的细料含量应小于50%，含泥量应小于5%。

（三）粉煤灰路堤的施工要求

（1）粉煤灰路堤与土质路堤的施工方法类似，仅增加了包边土摊铺和设置边坡盲沟等工序，包边土的宽度不宜小于2m。路堤施工质量的优劣，尤其是压实度是否满足要求，主要取决于摊铺厚度、含水率控制、压实机械的种类与碾压遍数。

（2）粉煤灰路堤的施工要求。

①粉煤灰的储运。储运场应排水通畅，地面应硬化。大的储灰场应设置雨水沉淀池。堆场应安装洒水设备，防止干灰飞扬。粉煤灰运输、装卸、堆放，应采取有效措施防止扬尘、流失与污染环境。粉煤灰的含水率宜在储灰场或灰池中调节适宜，尽量减少现场的洒水工作量，过湿的粉煤灰应堆高沥干，过干的粉煤灰应在摊铺前2～3d在储灰场中洒水闷料，使其出场前的含水率略高于最佳含水率。

②粉煤灰的摊铺。粉煤灰在摊铺前应在路堤中心、路堤边缘等处设置松铺厚度控制桩。其松铺系数应通过试验确定，当无实测资料时，可按下列数值选用并在施工中给予调整，推土机摊铺为1.2～1.3，平地机摊铺为1.1～1.2。

摊铺长度应按运灰的速度、摊铺机械、压实机具的数量和天气情况而定，以当天摊铺、当天碾压结束为原则，以免水分蒸发或遇水冲刷。在施工过程中，应及时洒水，防止干灰飞扬。粉煤灰路堤一般采用水平分层填筑法施工，分段作业时，先填地段应按1∶1的坡度分层留1～2m的台阶，使每一压实层相互交叠衔接，搭接长度宜大于1.5m，相邻作业段接头范围内的压实度应达到规定要求。摊铺时应做好不小于3%的路堤横坡，以利于横向排水。

③包边土的摊铺。包边土的摊铺应与粉煤灰填筑同步进行。上包边土时，应设专人指挥倒土，以使卸土数量与预计土量一致。包边土上齐后先用推土机平整，然后用平地机精平使其厚度均匀，保证宽度、边线整齐，如遇局部不整齐，则可配以人工修整。

④护坡的摊铺。护坡的摊铺宽度应稍宽于设计宽度，以保证削坡后的

净宽度满足设计要求，同时应按设计要求做好排水盲沟，底层盲沟的高程应避免地表水倒灌。排水盲沟应按设计要求在两侧的黏土护坡处，按10m的水平间距设置40cm×50cm的沙砾排水盲沟，盲沟用2～4cm的碎石填芯，渗水土工布包裹做反滤层，盲沟底的高程与粉煤灰底层的高度应一致，盲沟的纵坡度应为3%。

⑤粉煤灰的碾压。粉煤灰在摊铺后必须及时碾压，做到当天摊铺，当天碾压完毕。压实厚度应根据压实机械的种类和压实功的大小而定，一般20～30t的中型振动压路机，每层压实厚度应不大于20cm；中型振动羊足碾或40～50t的重型压路机，每层压实厚度应不大于30cm。碾压应遵循先轻后重、先两边后中间及由低到高的原则。

对摊铺的灰层应先用20t以上的振动压路机碾压4遍之后，再用振动压路机静压1～2遍。碾压速度稳压时控制为1.5～1.7km/h，振压时控制为2.0～2.5km/h。碾压速度不宜过快，碾压时应错轮1/3，两轮应重叠30cm左右。粉煤灰路堤的施工温度必须控制在0℃以上，以防止粉煤灰含有大量冰晶影响压实质量。粉煤灰碾压结束后，通常用环刀法或灌砂法进行压实度检测，达到规定要求后才可进行下一层的填筑施工。粉煤灰的压实度离散性大，压实标准应通过现场试验路段确定。

⑥养护与封层。在已达到要求压实度的灰层上铺筑上一层时，自卸汽车不得在已成型的灰面上进行掉头、高速行驶和紧急制动等操作，以免造成压实层松散。若不能立即铺筑上一层，则应禁止和限制车辆行驶并适量洒水润湿，以防止表层干燥松散；若较长时间不能施工，则应进行表层覆土封闭，并做好路拱，以利于排水。对达到路槽高程的封层部位应及时采用黏性土、石灰土等或按设计要求加铺垫层材料，进行封层处理。

二、土工塑料泡沫路堤施工

土工塑料泡沫，即聚苯乙烯泡沫（EPS），是一种轻型高分子聚合物，它是采用聚苯乙烯树脂加入发泡剂，同时加热进行软化，产生气体，形成一种硬质闭孔结构的泡沫塑料，这种均匀封闭的空腔结构使EPS具有吸水性小、保温性好、质量小及较高的机械强度等特点。

（一）EPS路堤的结构

EPS是一种新型材料，为长方体，整体强度大，抗压，可代替土石方填筑路堤。EPS的标准尺寸为2m×1m×0.5m，密度为10～35kg/m³，抗压强度为39.2～392kPa，透水性低。施工时不需要像土质路堤那样放坡，但需要在两侧施作护坡或挡土墙，在EPS顶面现浇混凝土板，上面再铺筑路面。EPS路堤施工简单、速度快、效果好，能有效减轻软基沉降。

（二）EPS路堤的施工要点

（1）清除原地面上的杂草、建筑垃圾等，整平、压实表面，要求压实度不小于87%，并开挖80～100cm深的水沟排干地表积水。

（2）确定EPS施工基面高程，要求施工基面高程大于地下正常水位50cm。

（3）回填石灰土至EPS施工基面以下10cm，其压实度应不小于90%。

（4）施工基面应铺设砂垫层，起整平和排水作用。在铺设垫层时，应从路基横断面的两侧向中间铺设，厚度应满足设计要求，并做到均匀一致、表面平整。垫层宽度应宽出路基两侧坡脚线0.5～1.0m。

（5）EPS包边土的施工。在EPS块体的两边应设置包边土，土层宽度应为1.5～2.5m，设计坡度应为1∶1.5，填料应为6%的石灰土。包边土必须分层填筑、分层压实。为保证路基内部排水通畅，在每层EPS底面于包边土内每隔5m横向施作一道盲沟。

（6）EPS的铺筑。在铺筑EPS块体前，施工基面应保持干燥，并铺设10cm厚干拌水泥砂浆，切忌铺筑砂浆路段过长。EPS应自下而上逐层错缝铺筑，块体之间的缝隙应不大于20cm，错台应不大于10mm。块体间的缝隙或错台最下层由砂浆垫层来调整，中间各层缝隙则采用无收缩水泥砂浆充分填塞。为防止EPS块体之间发生错位，同一层块体侧面的连接和不同层块体之间的连接应牢固，连接件应经过防锈处理。

（7）混凝土盖板浇筑。在最上层EPS块体完成后，应现浇一层15cm厚的C30钢筋混凝土盖板，作为路面施工的基面。当混凝土板达到设计强度的70%时，在其上覆盖厚度为80cm的黏土做等载预压，待连续三个月每月沉

降不大于0.5cm时，视为该段路基稳定，可以开始路面工程的施工。

（8）沉降观测。沉降观测的主要内容包括：观测并控制施工过程中EPS路堤的变化（水平和垂直方向）和EPS路堤的稳定；观测道路运行后EPS路堤的长期稳定性。

三、泡沫轻质土路堤施工

泡沫轻质土是采用物理方法将发泡剂制备成泡沫，再将泡沫按特定比例混入到搅拌均匀的由水泥浆料及外加剂或细集料组成的混合料浆中，浇筑成型，养护固结而形成的一种含有大量均匀封闭微气孔的轻质固态材料，又称为气泡混合轻质土、泡沫混凝土和现浇泡沫轻质土等。

（一）泡沫轻质土作为路堤填料的要求

（1）泡沫轻质土施工湿密度要求：施工最小湿密度不小于5.0kN/m³，施工最大湿密度不大于11.0kN/m³。

（2）泡沫轻质土施工流动度宜为170～190mm，特重、极重交通高速公路及一级公路路床部位的泡沫轻质土配合比宜采用掺砂配合比，流动度宜为150～170mm，且砂与水泥的质量比宜控制在0.5～2.0。

（3）泡沫轻质土原材料要求：水泥应符合《通用硅酸盐水泥》（GB 175—2007）的规定，强度等级宜为42.5级；水、泡沫剂、外加剂和掺合料等均应满足相关规范要求。

（二）泡沫轻质土路堤的施工要点

（1）泡沫轻质土路堤地基应按设计高程和尺寸进行开挖、清理、整平、压实，设置排水沟或其他排水设施。当在地下水水位以下浇筑时，应有降水措施，不得在基底有水的状态下进行浇筑。

（2）泡沫轻质土路堤施工前，应将路基划分为面积不大于400m²、长轴不超过30m的浇筑区，每个浇筑区单层浇筑厚度宜为0.3～1.0m。轻质土路堤每隔10～15m应设置一道变形缝。

（3）泡沫宜采用压缩空气与发泡剂水溶液混合的方式生产，不得采用搅拌发泡法生产泡沫。

（4）原材料配合比计量应采用电子计量，泡沫剂、水泥、水、外加剂和外掺料计量精度均为±2%。

（5）用于制备泡沫轻质土的料浆在储料装置中的停滞时间不宜超过1.5h。

（6）泡沫轻质土应在出料软管的前端直接浇筑，出料口宜埋入泡沫轻质土中。

（7）单个浇筑区浇筑层的浇筑时间不得超过水泥浆的初凝时间，上、下相邻两层浇筑间隔时间不宜少于8h。

（8）泡沫轻质土不得在雨天施工。已施工尚未硬化的轻质土，在雨天应采取遮雨措施。

（9）泡沫轻质土浇筑至设计厚度后，应覆盖塑料膜或无纺土工布进行保湿养护，养护时间不宜少于7d。

（10）不宜在气温低于5℃时浇筑，否则应采取保温措施。

（11）泡沫轻质土顶层铺筑过渡层之前不得直接在填筑表面进行机械或车辆作业。

（12）旧路加宽时老路堤与泡沫轻质土交界的坡面，清理厚度不宜小于0.3m。从老路坡脚向上按设计要求挖台阶，土体台阶必须密实、无松散物。泡沫轻质土浇筑应采用分层分块方式，不宜给公路横向分块浇筑，纵向填挖结合段应合理设置台阶。

（13）泡沫轻质土应在固化后28天进行无侧限抗压强度和密度检测。抗压强度和密度应按《公路工程水泥及水泥混凝土试验规程》（JTG 3420—2020）进行检测，并满足设计要求。

第五节　路基拓宽改建施工

一、路基拓宽改建方案

公路改建、扩建是指在现有公路的基础上，为提高技术等级、通行能力或改善技术指标而进行的公路建设工程。

（一）路基拓宽改建方案

路基的拓宽改建应根据公路等级、技术标准，结合当地地形、地质、水文填挖情况选择适宜的路基断面形式。

路基拓宽改建方案有单侧加宽方案、两侧加宽方案和混合加宽方案三种。

（1）单侧加宽方案。当原有公路的一侧受建筑物限制时，从另一侧对原有公路进行拓宽。其优点为：能充分利用地形，拆迁量小；路基单侧的排水防护设施可继续保留使用；新旧路基差异沉降不显著；施工干扰较小，原路可继续维持交通。缺点主要是：平面线形需要重新拟合，需要拆除原有中央分隔带，原有的中央分隔带用作行车道，其内部原有的排水、通信管道、防撞护栏等设施需要拆除，新中央分隔带内的设施需要重建；新旧路幅横断面不能有效组合。

（2）两侧加宽方案。从两侧对原有公路进行拓宽，原有的中心线可留作加宽后公路的中心线。其优点为：可使路线按原有平面、纵面线形顺利通过；可大大减少征地和拆迁费用；中央分隔带及内部的排水、通信管道、防撞护栏等设施可充分利用；新旧路标横断面能有效组合，路拱坡度可继续使用，路面排水简单。缺点主要是：路基两侧的防护、排水沟、防撞护栏等设施需要拆除重建；施工对公路上的交通影响较大（两侧干扰）。

（3）混合加宽方案。混合加宽方案是单侧加宽方案和两侧加宽方案的组合形式，这种加宽方案由于几何线形发生扭曲，平面线形需重新拟合。

（二）路基拓宽方式

高速公路改扩建路基加宽有以下两种方式：

（1）拼接加宽。在原高速公路的路基一侧或两侧直接拼接，新旧路基之间不设分隔带，其分为单侧拼接加宽和双侧拼接加宽。

（2）分离加宽。在新旧路基之间设置分隔带或将新旧路基拉开一定的距离，使平面和纵面同时分离，以便跨越全部的互通和主要相交道路。分离加宽的优点是可以彻底消除拼接和施工期间的交通组织问题；缺点是多

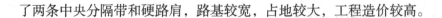

了两条中央分隔带和硬路肩，路基较宽，占地较大，工程造价较高。

二、路基拓宽施工

（一）路基拓宽施工要点

路基拓宽施工应综合考虑地基处理、填料选择、边坡稳定和防护排水设施等，并与交通工程、路面排水系统相结合。拓宽路基基底处理、路基填料的最小强度和压实度等均应满足改建后相应等级公路的技术要求。

（二）路基拓宽施工注意事项

（1）应先拆除旧路路缘石、旧路肩、边坡防护、边沟及原有构造物的翼墙或护墙等，既有路堤的护脚挡土墙及抗滑桩可不拆除。

（2）施工前应截断流向拓宽作业区的水源，开挖临时排水沟。施工期间应在水流汇集的路肩外侧设置拦水带，根据水流情况在拓宽路基中合理设置临时急流槽与泄水孔。

（3）拓宽部分路堤的地基处理应按设计和规范的有关规定处理。

（4）旧路堤挖除的坡面厚度不宜小于30cm，从旧路堤坡脚向上按设计要求开挖成台阶，台阶宽度不小于1m。当旧路堤高度小于2m时，旧路堤坡面处理后，可直接填筑新路堤。严禁将坡面清理物作为新填料。

（5）当拓宽部分的路堤采用非透水性填料时，应在地基表面按设计铺设垫层，垫层材料一般为沙砾或碎石，含泥量不大于5%。

（6）拓宽路堤填料，宜选用与旧路堤相同填料，或者选用水稳性较好的沙砾、碎石等填料。路床宜选用水稳定好的粗粒土或无机结合料稳定材料填筑。

（7）当不中断交通路基拓宽施工时，应采取交通管制和安全防护措施。

（8）拓宽施工不得污染环境、破坏或污染原有水系。

（9）宜在新、旧路基结合部铺设土工合成材料。

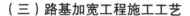

（三）路基加宽工程施工工艺

1.施工前准备

（1）按照规范要求对沿线导线点和水准点进行复测和加密。

（2）路基开工前每隔20m用全站仪准确放出旧路基外边缘点，并在老路基护栏上用喷漆标上桩号。

（3）每隔20m对旧路基和加宽路基原地面进行复测、核对或补充横断面，发现和设计图纸不符时，查明原因及时处理。

（4）加宽路基施工前，对旧路基填料和加宽路基基底土进行相关试验，每千米每侧至少取两个点；土质变化大时，视具体情况增加取样点数。

（5）按照规范要求对计划的路基填料进行相关试验，特别是对不同来源、不同性质的填料进行相关试验。填料尽量选取和旧路基填料性质相近的材料，避免和减少因新旧路基填料性质差异引起的不均匀沉降，确保新旧路基衔接处的施工质量。

2.原地面清表、回填

（1）严格按照设计和规范要求将加宽路基基底范围内的树根全部清除，并将坑穴填平夯实。加宽路基基底范围内的水井和墓穴用优质填料换填处理。

（2）按照设计和规范要求的清表厚度，对加宽路基范围内原地面表层的腐殖土、草皮、表土等进行清理。

（3）按照设计和规范要求将加宽路基范围内的边沟、池塘等地段清淤干净、彻底，然后按设计的地基处理方案施工。

（4）场地清理的范围为高速公路原路基坡脚至新加宽工程路基坡脚外1m的范围内。

（5）原地面清表的同时，将旧路的边沟和隔离栅等相关设施拆除。

（6）加宽路基基底清表完成后，按照设计要求进行原地面填前压实处理，压实度不小于90%，然后回填至原地面。

（7）对于部分基底含水率较高，清表后不易压实的路段，基底可采用翻挖、晾晒或掺灰处理，也可采用换填一定厚度的沙砾处理。

3. 台阶开挖

（1）台阶开挖前，先对老路基边坡进行清坡处理，清坡不宜一次全部清理完成，应边挖台阶边清坡，以保证旧路基的稳定。

（2）边坡清理完成后，按照设计要求准确放样出每层台阶的开挖线，保证开挖台阶线型直顺、位置准确。

（3）旧路基台阶开挖时，针对老路不同的路基填料采用不同的台阶尺寸。对于老路基填料为黏土、亚黏土和卵砾石土时，拼接处的台阶高宜为1.0m，宽为1.5m；对于老路基填料为砂土、粉砂土时，拼接处的台阶高宜为0.4m，宽为0.6m。

（4）开挖拼接至路床底面的台阶时，根据路基填筑高度确定其台阶高度和位置，台阶面距离路床底面小于130cm时作为一个台阶开挖，距离路床底面大于130cm时分成100cm和大于130cm两个台阶高度开挖。路床部位作为一个台阶开挖，开挖位置为距离旧路硬路肩内侧向外30cm处，台阶高度为80cm。

（5）开挖过程中如出现土体较大位移时，应立即停止开挖，分析原因，并采取措施防止塌方。

（6）对老路基结构物台背及沙砾石等透水性材料填筑的路基，在开挖时应根据具体情况，采取钢板支撑、钢木结合支撑、混凝土护壁支撑、砌砖等必要的防护措施。

4. 路基填筑

（1）路堤填料选择。加宽路基填料原则上应与老路基填料保持一致，并尽量采用沙砾等强度高、水稳定性好的材料填筑，禁止采用不符合规范要求的材料填筑路基。为节约工程造价和保护环境，对于老路基开挖台阶的土方及老路基边坡拆除的坛工和拆除的路面基层、底基层等材料，经改善处理，符合设计要求的也可用于路基填筑，但老路基的清坡土和基底清表土不得用于路基填筑。为使路基获得足够的强度、稳定性和抵抗路面荷载下产生的变形能力，保证路基、路面的综合服务水平，路基压实采用重型击实标准。

（2）施工放样。在路堤填筑前，测量人员首先应根据加宽路基设计宽度及其边坡坡度放样出加宽路基坡脚线，并用石灰撒出路堤填筑边线。为

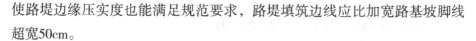

使路堤边缘压实度也能满足规范要求，路堤填筑边线应比加宽路基坡脚线超宽50cm。

（3）路基填筑材料铺筑。施工时，施工人员事先根据运输路基填料车辆的运载量，路基试验段得出的填筑材料松铺厚度，计算出每车路基填筑材料的卸料间距。现场施工人员根据卸料间距在下承层上用白灰标示上土网格，并指挥运输车辆按照上土网格卸料。运至路基上的填筑材料首先由推土机粗平，粗平后应对路基填筑材料的含水率进行测定和调整。

（4）含水率调整。施工中，填筑材料摊铺后，及时安排试验技术人员对填筑材料的含水率进行检测，当填筑材料的含水率在试验确定的最佳含水率±2%以内时，可进行下道工序施工。如果路基填筑材料的含水率超过试验确定的最佳含水率的2%以上时，可采用犁靶翻晒等方法来降低路基填筑材料含水率，直至路基填筑材料含水率降至最佳含水率的2%左右以内时，才可开始下道工序的施工。如果路基填筑材料的含水率小于试验确定的最佳含水率的2%以上时，可采用洒水车洒水的方法来增加路基填筑材料含水率，直至路基填筑材料升至试验确定的最佳含水率的2%以内时，才可开始下道工序的施工。

（5）精平。路基填筑材料碾压前按照计算的摊铺标高，每隔10m做出标高台，用平地机进行精平，精平后路基填筑材料应保持整体平整，表面平整度应满足规范要求。精平时应使路基横坡向加宽路基外侧倾斜，以利于路基排水。

（6）路基填筑材料的碾压。施工前，通过试验段确定适宜的压实设备和合理的碾压方案。施工时严格按照试验段总结的碾压组合顺序和碾压方式进行碾压。压路机碾压时最大行驶速度不宜超过4km/h；碾压时直线段由加宽路基边缘向老路基拼接处碾压，超高段时由低处向高处碾压；压路机碾压时一般重叠1/2轮；碾压时应遵循先轻后重，由慢到快的原则；碾压遍数应不少于路基试验段确定的碾压遍数；严禁在未成型的路段急转弯或调头；碾压时安排专人负责，确保碾压均匀，无漏压、无死角。新旧路基拼接处，需适当提高压实度，台阶处死角部分应采用吨位较大的钢轮配合小型冲击夯密实处理。

（四）路基加宽工程施工的质量控制

（1）做好拼宽路段原地面的临时排水设施、开挖路基的临时排水沟，以降低地下水位，并与互通内排水设施相贯通。

（2）路基在填筑前对原场地耕植土进行清除，平均厚度为15cm，然后进行原地面翻挖掺灰压实。

（3）对鱼塘、河塘地段，清淤要干净彻底，清淤后塘底土质要基本同塘周围土质。

（4）路基填筑，必须根据设计断面，分层填筑、分层压实，分层的最大松铺厚度不超过30cm，填筑至路床顶面最后一层的最小压实厚度不小于10cm。

（5）若路基填筑分几个作业段施工，两段交接处，不在同一时间填筑时，则先填地段，应按1∶1坡度分层留台阶。若两个地段同时填，则分层相互交叠连接，其搭接长度不应小于2m。

（6）压实度按《公路路基施工技术规范》（JTG/T 3610—2019）压实标准执行，为保证均匀压实，施工中应注意压实顺序，并经常检查土的含水率、掺灰剂量和均匀性。

（7）为保证路基边部的强度和稳定性，施工时每侧超宽30cm填土压实，施工加宽与路堤同步填筑，严禁出现贴坡现象，掺灰剂量按同层次路基掺灰剂量控制。

（8）为了减少路基在桥梁两侧产生不均匀沉降而导致路面不平整的情况，在桥梁两侧设置15cm的过渡段。过渡段路基范围内的路基填料的CBR值除顶面以下0~30cm部分需大于或等于8以外，其余均要求大于5，该范围的路基压实原则上要求不小于96%。对于大型压实机具压不到的地方，必须配以小型压实机具薄层碾压，以确保路基的压实度。

（9）施工中应保证对开挖台阶的及时填筑，严禁超前开挖，拼宽路基拆除原边坡后，还应采用适当的防护措施，如覆盖彩条布、喷浆防护等，避免老路边坡受雨水侵袭。

（10）当台阶开挖遇到路基填料为粉土时，台阶开挖不易成形，影响拼接质量，如在填土到达该层台阶高度前下雨，台阶容易遭水毁坍塌，可

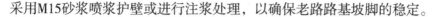
采用M15砂浆喷浆护壁或进行注浆处理，以确保老路路基坡脚的稳定。

（11）拼接宽度较小的路段必要时应超宽填筑，以满足机具最小压实宽度要求，台阶内侧重型压路机碾压不到的接缝部位应使用小型振动夯机夯压密实。任何拼接路基施工都有可能影响到老路稳定性，必须做好防范措施，必要时应设置临时防护。

三、新旧路基衔接处治措施

新旧路基衔接处治措施主要包括以下7项：

（1）清除旧路肩边坡上的草皮、树根及腐殖土等杂物。

（2）将旧土路肩翻晒或掺灰重新碾压，使其达到质量要求。

（3）当加宽拼接宽度小于0.75m时，可采取超宽填筑或翻挖旧路等工程措施。

（4）当路堤高度超过3m时，可在新旧路基间横向铺设土工格栅，提高路基的整体性，减少不均匀沉降。

（5）旧路基与拓宽路基的路拱横坡度施工后增大值不应大于0.5%。

（6）随着土工加筋技术的发展，土工材料在土木工程中得到了广泛的应用。在普通新建高速公路工程中，土工格栅是最常用的土工材料。土工格栅质量小、抗拉强度高、耐久性强，与土颗粒之间的摩擦系数大，是很好的工程材料。一般认为，土工格栅与土之间的相互作用主要有以下三个方面：①土工格栅表面与土之间的摩擦作用；②土工格栅肋条由于土的滑动倾向产生的被动阻抗作用；③土工格栅网格中，上层与下层填料相互作用产生的锁定作用。在普通新建路堤中铺设土工格栅，可以提高路堤的抗剪强度，限制土体的侧向变形，增强路堤的稳定性，同时还能使地基中的附加应力分布更均匀，减小地基的不均匀沉降，并且可以加快填土速度，缩短施工工期。鉴于以上优点，土工格栅也被广泛应用于高速公路加宽工程中，其主要作用方式为：在新老路堤结合部位，老路堤台阶上以及新路堤内铺设土工格栅，通过土工格栅和周围土体的相互作用以增强新老路堤的衔接效果。土工布也是高速公路工程中常用到的土工材料，土工布位于砂垫层之上，能使应力均匀并可起反滤作用，防止垫层沙砾料的陷入。在新老路堤结合部顶面铺设一层防水土工布，除了起加筋作用、增强整体稳定性、减少不均匀沉降外，还可防止雨水渗入对路堤产生破坏。

（7）老路在路面基层及面层破坏以后，由于长期雨水浸泡，路床出现大面积翻浆，此时不仅要对路面基层及面层进行全部清理，还要对路基进行加固处理，以防新面层再次被破坏。当破损面积在3m²以下时，可用底基层摊铺料直接换填30cm压实后，铺筑底基层；当破损面积超过3m²时，在考虑经济的条件下进行换填处理，挖除60cm后，晾晒底槽，待槽底土层表面干燥以后，用振动压路机轻压后填40cm山皮土或碎石土，用振动压路机碾压至表面沉降量3mm以内，用20cm山皮土或碎石土封层。由于是旧路技术改造，必须对不符合标准的弯道半径进行改造，增加曲线长度，改善行车条件。在旧路上加铺新基层时较难控制其到设计高度，其原因是旧路高低不平，其松铺厚度必须随基层深浅不一而进行调整，但实际施工中不容易做到这一点。为保证路面标高和厚度，在做新基层以前，应首先对高低不平的基层进行找平，扫净旧路基层表面，洒水湿润后做找平层，找平层的材料和原有旧路基层的材料相同，用静压碾压密实，这样做过的基层平整度较好，且整体性较好。

四、加宽工程路堤软土地基的处理方法

对于高速公路加宽扩建工程而言，由于不同于普通新建高速公路的沉降控制标准，除了要控制新路堤本身的沉降外，还要控制对老路堤的影响以及新老路堤之间的不均匀沉降，这对新路堤下方软土地基的处理提出了更高的要求。同时，加宽扩建工程通常工期紧，施工场地狭窄，且要维持一定的交通运输。因此应根据实际工程地质条件，结合老路堤软土地基的处理情况，选择施工便捷、处理效果好、对老路影响小且经济的软基处理方法。

参考文献

[1]公路岩土工程勘察设计资料选编编写组.公路岩土工程勘察设计资料选编[M].郑州：黄河水利出版社，2020.

[2]柴贺军.山区公路工程地质勘察[M].重庆：重庆大学出版社，2019.

[3]华设计集团股份有限公司，姚宇，周兴顺.平原微丘区高速公路改扩建工程勘察设计关键技术[M].南京：河海大学出版社，2020.

[4]中交第一公路勘察设计研究院有限公司.公路工程地质勘察报告编制规程[M].北京：人民交通出版社，2019.

[5]新疆维吾尔自治区交通规划勘察设计研究院，新疆维吾尔自治区公路管理局.公路大中修工程勘察设计规范[M].北京：人民交通出版社，2019.

[6]陈则连，吕菲，许再良.黄土地区铁路勘察设计研究与实践[M].北京：中国铁道出版社，2019.

[7]交通运输部职业资格中心.桥梁工程注册结构工程师[M].北京：北京交通大学出版社，2019.

[8]盛黎明，苏伟，刘延宏，等.高速铁路桥梁BIM技术研究与实践[M].北京：中国铁道出版社，2022.

[9]王正军，傅建红，牛海波.高速公路滑坡形成机理分析及防治方法[M].北京：人民交通出版社，2021.

[10]吴万平，廖朝华.公路路基设计手册上（第3版）[M].北京：人民交通出版社，2021.

[11]万平，廖朝华.公路路基设计手册下（第3版）[M].北京：人民交通出版社，2021.

[12]彭丽云，刘兵科.路基工程:粉土性能改良及粉土路基设计与施工[M].北京：机械工业出版社，2020.

[13]王大为，洪斌，解晓光，等.不限速高速公路的路面结构设计方法[M].哈尔滨：哈尔滨工业大学出版社，2022.

[14]姚宇，周兴顺.高速公路品质工程设计技术集成[M].南京：河海大学出版社，2020.

[15]吴留星.公路桥梁与维修养护[M].北京：中国纺织出版社，2020.

[16]张猛，王贵美，潘彪.土木工程建设项目管理[M].长春：吉林科学技术出版社，2021.

[17]曹明.建设工程项目管理（第2版）[M].北京：清华大学出版社，2022.

[18]鞠航，田金信.建设项目管理（第4版）[M].北京：高等教育出版社，2022.

[19]王建波，刘凤云，李艳.道路施工技术与管理研究[M].北京：北京工业大学出版社，2022.

[20]郑晓燕，李海涛，李洁.土木工程概论[M].北京：中国建材工业出版社，2020.

[21]李苗，穆成鹏，童小龙.土木工程概论[M].北京：北京理工大学出版社，2020.

[22]邢岩松，陈礼刚，霍定励.土木工程概论[M].成都：电子科技大学出版社，2020.

[23]胡凌云.建筑工程管理与工程造价研究[M].长春：吉林科学技术出版社，2022.

[24]高倩，余佳佳.工程项目成本管理[M].成都：西南交通大学出版社，2019.

[25]李红立.建筑工程项目成本控制与管理[M].天津：天津科学技术出版社，2020.